I0012009

COLEÇÃO

INTELIGÊNCIA ARTIFICIAL

GOVERNANÇA DE ALGORITIMOS

Prof. Marcão - Marcus Vinícius Pinto

© Copyright 2024 - Todos os direitos reservados.

As informações fornecidas neste documento são declaradas verdadeiras e consistentes, em que qualquer responsabilidade, em termos de desatenção ou de outra forma, por qualquer uso ou abuso de quaisquer políticas, processos ou orientações contidas nele é a responsabilidade única e absoluta do leitor.

Sob nenhuma circunstância qualquer responsabilidade legal ou culpa será mantida contra os autores por qualquer reparação, dano ou perda monetária devido às informações aqui contidas, seja direta ou indiretamente.

Os autores possuem todos os direitos autorais desta obra.

Questões legais:

Este livro é protegido por direitos autorais. Isso é apenas para uso pessoal. Você não pode alterar, distribuir ou vender qualquer parte ou o conteúdo deste livro sem o consentimento dos autores ou proprietário dos direitos autorais. Se isso for violado, uma ação legal poderá ser iniciada.

As informações aqui contidas são oferecidas apenas para fins informativos e, portanto, são universais. A apresentação das informações é sem contrato ou qualquer tipo de garantia.

As marcas registradas que são utilizadas neste livro são utilizadas para exemplos ou composição de argumentos. Este uso é feito sem qualquer consentimento, e a publicação da marca é sem permissão ou respaldo do proprietário da marca registrada e são de propriedade dos próprios proprietários, não afiliado a este documento.

As imagens que estão aqui presentes sem citação de autoria são imagens de domínio público ou foram criadas pelos autores do livro.

Aviso de isenção de responsabilidade:

Observe que as informações contidas neste documento são apenas para fins educacionais e de entretenimento. Todos os esforços foram feitos para fornecer informações completas precisas, atualizadas e confiáveis. Nenhuma garantia de qualquer tipo é expressa ou implícita.

Ao ler este texto, o leitor concorda que, em nenhuma circunstância, os autores são responsáveis por quaisquer perdas, diretas ou indiretas, incorridas como resultado do uso das informações contidas neste livro, incluindo, mas não se limitando, a erros, omissões ou imprecisões.

ISBN: **9798344395876**

Selo editorial: Independently published

Sumário

Prefácio

Vivemos em um mundo movido por algoritmos. Eles são os responsáveis por muitas das decisões que moldam nossa vida cotidiana, desde as recomendações de conteúdo que consumimos nas redes sociais até as decisões automatizadas que determinam a concessão de crédito, o tratamento médico que receberemos ou o destino de nossa carreira profissional.

No entanto, à medida que esses algoritmos assumem papéis cada vez mais centrais em nossa sociedade, surgem questões urgentes sobre governança, transparência e responsabilidade.

Este livro, "Governança de Algoritmos", parte da coleção "Inteligência Artificial: o poder dos dados", à venda na Amazon, explora esses desafios, oferecendo uma análise profunda e prática sobre como podemos — e devemos — regular e governar os sistemas automatizados que estão transformando o nosso mundo.

O avanço da inteligência artificial (IA) e do aprendizado de máquina trouxe uma nova era de inovações e oportunidades. No entanto, também trouxe consigo uma série de preocupações éticas e regulatórias que não podem ser ignoradas.

Para aqueles que atuam ou desejam atuar nos campos da tecnologia, direito, regulação ou governança corporativa, este livro oferece um guia essencial. Ele foi pensado para profissionais que estão na linha de frente dessa revolução digital: desenvolvedores de IA, cientistas de dados, gestores de tecnologia, legisladores e reguladores, bem como advogados e acadêmicos interessados nos impactos e implicações da IA em setores variados.

O leitor encontrará uma estrutura sólida e acessível para entender o que há de mais atual em governança de algoritmos. Desde os princípios básicos — como a relação entre algoritmos, dados e IA — até os casos mais recentes e polêmicos de falhas algorítmicas, este livro desvela as dinâmicas muitas vezes ocultas dos sistemas de IA e suas implicações práticas no mundo real.

Profissionais de finanças, saúde, transporte e energia, em particular, verão como os algoritmos estão reconfigurando a maneira como suas indústrias operam, e por que a governança eficaz desses sistemas é uma questão de sobrevivência para empresas e instituições públicas.

Este livro é destinado a um público diversificado que, de uma forma ou de outra, precisa compreender e se engajar com a governança de algoritmos. Cientistas de dados e desenvolvedores de IA encontrarão insights valiosos sobre como incorporar boas práticas de transparência e accountability no design de sistemas algorítmicos, além de aprenderem a mitigar vieses em modelos de IA.

O livro explora em profundidade técnicas como pré-processamento de dados, fairness-aware learning e pós-processamento, sempre com o foco na promoção de modelos mais justos e explicáveis.

Para gestores de tecnologia e executivos corporativos, este volume é um guia prático para a implementação de auditorias regulares e transparentes, garantindo que os algoritmos implantados em suas organizações sejam monitorados de forma contínua para evitar falhas e garantir conformidade com regulações.

Dada a crescente pressão regulatória em todo o mundo, a necessidade de responsabilização é mais urgente do que nunca. Este livro proporciona ferramentas e frameworks que podem ser diretamente aplicados para assegurar que as organizações estejam não apenas cumprindo suas obrigações legais, mas também sendo éticas e transparentes em suas práticas.

Legisladores, reguladores e advogados que enfrentam o desafio de regular novas tecnologias também têm aqui um recurso essencial. O capítulo dedicado ao "Paradoxo da Transparência", por exemplo, lança luz sobre a opacidade inerente a muitos sistemas de IA e propõe soluções práticas para enfrentar o desafio da "caixa-preta" algorítmica.

Reguladores em particular se beneficiarão de estudos de caso que demonstram como diferentes setores estão abordando a governança de algoritmos, desde o setor financeiro até os sistemas de veículos autônomos.

Acadêmicos e pesquisadores encontrarão uma base teórica sólida que conecta conceitos fundamentais da ciência de dados com as questões filosóficas e éticas subjacentes ao uso de IA em decisões automatizadas.

Este livro não só examina as falhas e os riscos, mas também explora caminhos possíveis para a criação de sistemas mais robustos e responsáveis, com discussões que podem servir de base para novos

O grande diferencial de "Governança de Algoritmos" é que ele não se limita a descrever os problemas: ele oferece um caminho concreto para resolvê-los.

Se você busca não apenas compreender o presente, mas também estar preparado para os desafios futuros da governança de IA, este livro é para você.

Compre agora a coleção "Inteligência Artificial: o poder dos dados", disponível na Amazon, e prepare-se para navegar com confiança pelo complexo mundo dos algoritmos e da IA.

Este é o recurso essencial e definitivo para quem deseja entender e governar as tecnologias que estão moldando o futuro da sociedade.

Prepare-se para uma leitura rica e transformadora. O futuro da IA começa com os dados e os algoritmos — e você está prestes a dominá-los.

Boa leitura!
Bons aprendizados!

Prof. Marcão - Marcus Vinícius Pinto

Mestre em Tecnologia da Informação
Especialista em Tecnologia da Informação.
Consultor, Mentor e Palestrante sobre Inteligência Artificial,
Arquitetura de Informação e Governança de Dados.
Fundador, CEO, professor e
orientador pedagógico da MVP Consult.

1 O poder oculto dos algoritmos: governança em um mundo movido por decisões automatizadas.

Em um mundo cada vez mais impulsionado por decisões automatizadas, os algoritmos são os novos atores centrais da sociedade.

Invisíveis à primeira vista, eles influenciam desde a recomendação de um filme na Netflix até a concessão de crédito ou a seleção de candidatos em processos seletivos.

Entretanto, a ascensão dos algoritmos traz consigo uma necessidade premente: governá-los. A governança de algoritmos não se trata apenas de controle técnico, mas envolve uma profunda reflexão ética e prática sobre o impacto dessas ferramentas na sociedade moderna.

1.1   O que são algoritmos e por que governá-los?

Os algoritmos são, essencialmente, sequências de instruções que orientam máquinas a realizar tarefas específicas, seja calcular um caminho no Google Maps ou prever comportamentos de consumidores.

Eles são projetados para serem eficientes e precisos, mas como qualquer produto de design humano, são moldados por escolhas humanas.

Essas escolhas envolvem tanto a codificação dos algoritmos quanto a seleção e curadoria dos dados que os alimentam, o que pode levar a vieses, distorções e erros com consequências diretas para a sociedade.

Cathy O'Neil, em seu influente livro Weapons of Math Destruction, alerta que os algoritmos, quando mal projetados ou treinados com dados enviesados, podem não apenas perpetuar, mas amplificar desigualdades.

"Esses modelos são opiniões embutidas em matemática" (O'NEIL, 2016, p. 21). Esse comentário sublinha que, embora os algoritmos sejam frequentemente percebidos como ferramentas objetivas, eles são, na verdade, reflexos das suposições, preconceitos e decisões de seus criadores.

Por que então a governança é tão importante? Porque, como argumenta Frank Pasquale em The Black Box Society, os algoritmos operam muitas vezes como "caixas-pretas", tomando decisões que afetam a vida de milhões, mas sem oferecer transparência sobre como essas decisões foram alcançadas (PASQUALE, 2015).

A falta de transparência pode resultar em sistemas que perpetuam discriminação, como exemplificado no caso dos algoritmos de recrutamento automatizado da Amazon, que favoreceram homens em detrimento de mulheres, ao replicar padrões discriminatórios passados presentes nos dados históricos.

A governança de algoritmos, portanto, busca mitigar esses riscos, assegurando que esses sistemas sejam auditáveis, transparentes e justos. A ideia de que algoritmos operam em um "vácuo ético" é perigosa. Governá-los significa garantir que suas decisões estejam alinhadas com valores éticos, direitos humanos e princípios de justiça.

1.2   A relação entre algoritmos, dados e inteligência artificial.

A eficiência de um algoritmo é diretamente proporcional à qualidade dos dados que o alimentam. Inteligência artificial (IA), especialmente no campo do machine learning, depende de grandes volumes de dados para aprender padrões e fazer previsões.

No entanto, se esses dados são incompletos ou enviesados, os resultados produzidos pelo algoritmo serão igualmente tendenciosos.

O exemplo do COMPAS (Correctional Offender Management Profiling for Alternative Sanctions), um sistema utilizado no sistema judicial dos Estados Unidos para prever a reincidência criminal, ilustra como os dados mal estruturados podem resultar em decisões injustas.

O Compas faz várias perguntas que avaliam o quanto você pode ser capaz de voltar a cometer um crime futuramente. Essa avaliação se baseia num sistema de pontos, de um a 10.

As perguntas procuram identificar, por exemplo, "se alguém na família foi preso, se a pessoa vive numa área com alto índice de criminalidade, se tem amigos que fazem parte de gangues, assim como o seu histórico profissional e escolar.

Por último, são feitas perguntas sobre o que chamam de pensamentos criminosos. Por exemplo, se a pessoa concorda ou não com a afirmação: é aceitável que alguém que passa fome roube.

A avaliação pode ser usada então para decidir se a pessoa vai ser solta com pagamento de fiança, se deve ser mandada para a prisão ou receber outro tipo de sentença e - se já estiver na cadeia - se tem direito a liberdade condicional.

O Compas e um software parecido com ele estão sendo utilizados em todos os EUA.

Mas uma informação importante é mantida em segredo: como o algoritmo matemático transforma as respostas em pontos de um a 10. E isso torna mais difícil para o réu questionar o resultado.

Estudos mostraram que o COMPAS apresentava taxas de falsos positivos mais altas para afro-americanos do que para brancos, resultado direto dos dados raciais historicamente enviesados usados para treinar o sistema (ANGWIN et al., 2016).

Essa situação expõe uma verdade crítica: algoritmos não são neutros. Eles herdam os vieses contidos nos dados.

Os problemas do sistema penitenciário do Estado do Wisconsin foram tema do documentário da Netflix Making a Murderer ("Fabricando um assassino", em tradução livre).

O documentário mostra a condenação de um inocente que passou 18 anos na cadeia.

Frank Pasquale reforça essa ideia em The Black Box Society: "A confiança cega nos algoritmos de aprendizado de máquina, sem atenção à qualidade dos dados que eles processam, é um erro catastrófico" (PASQUALE, 2015, p. 34).

Para governar algoritmos de maneira eficaz, é essencial que as empresas e organizações também se comprometam com a governança de dados, garantindo que as informações usadas sejam representativas e imparciais.

1.3   Impactos dos algoritmos na sociedade moderna

Os algoritmos estão embutidos em quase todos os aspectos da vida moderna. No entanto, seu impacto é muitas vezes invisível ou subestimado. O poder dos algoritmos vai além da automação de processos; eles moldam comportamentos, criam realidades e influenciam decisões humanas em larga escala.

Nas redes sociais, por exemplo, algoritmos de recomendação filtram o conteúdo que vemos, criando bolhas informacionais que reforçam visões de mundo preexistentes e polarizam o debate público.

Cathy O'Neil enfatiza que algoritmos não só refletem desigualdades existentes, mas podem exacerbá-las, transformando problemas sociais em catástrofes matemáticas.

"Modelos destrutivos podem transformar vulnerabilidades humanas em oportunidades para lucros" (O'NEIL, 2016, p. 40). No contexto das redes sociais, plataformas como Facebook e Twitter utilizam algoritmos para maximizar o engajamento dos usuários, mesmo que isso signifique promover conteúdos que geram divisão ou desinformação.

Além do impacto na informação e no comportamento social, o mercado de trabalho também sente o peso das decisões automatizadas.

O caso da Amazon, mencionado anteriormente, é emblemático: a empresa desenvolveu um sistema de recrutamento automatizado que, ao ser treinado com dados de contratações passadas, privilegiava candidatos masculinos.

Esse viés, que refletia um problema estrutural no setor de tecnologia, foi exacerbado pelo algoritmo, demonstrando como a falta de governança adequada pode reforçar estereótipos e práticas discriminatórias.

Governar algoritmos é crucial porque eles, mesmo sendo ferramentas técnicas, tomam decisões que impactam vidas humanas. Por exemplo, o uso de algoritmos para avaliar a concessão de empréstimos em grandes bancos tornou-se comum.

Porém, sem uma supervisão adequada, esses algoritmos podem reproduzir desigualdades históricas, penalizando grupos vulneráveis, como demonstrado por casos em que minorias raciais receberam condições de crédito desfavoráveis devido a modelos de IA baseados em dados enviesados.

A governança de algoritmos busca mitigar esses riscos, garantindo que os sistemas sejam transparentes, auditáveis e, acima de tudo, justos.

Governá-los é fundamental para garantir que suas decisões sejam consistentes com valores sociais e éticos, protegendo direitos e promovendo justiça.

Para evitar tais problemas, é imperativo que a governança de algoritmos também aborde a governança de dados. Não basta monitorar como o algoritmo funciona; é necessário avaliar a origem e a qualidade dos dados utilizados. Sem uma análise crítica dos dados, os algoritmos podem perpetuar e amplificar injustiças.

2 O Paradoxo da Transparência: A Caixa-Preta dos Algoritmos e a Busca por Accountability

Os algoritmos que permeiam as estruturas da sociedade moderna são muitas vezes referidos como "caixas-pretas", dada a sua complexidade e opacidade. Apesar de moldarem decisões que afetam milhões de vidas — desde as escolhas de consumo até sentenças judiciais —, sua lógica interna é frequentemente inacessível para o público, e até mesmo para aqueles que os desenvolvem.

Neste cenário, surge uma questão fundamental: como podemos garantir transparência e accountability em sistemas que são inerentemente opacos? Esse dilema não só desafia a governança tecnológica, mas também levanta profundas questões éticas e jurídicas.

2.1 Por que a transparência é essencial?

A transparência é um dos pilares da governança de algoritmos, essencial para garantir que suas decisões sejam justas, auditáveis e passíveis de controle.

Frank Pasquale, em The Black Box Society, argumenta que a sociedade contemporânea está cada vez mais sujeita a "algoritmos invisíveis" que controlam e determinam decisões importantes, sem oferecer explicações sobre os processos que levam a tais conclusões (PASQUALE, 2015).

Sem transparência, os algoritmos podem perpetuar desigualdades e tomar decisões que violam direitos fundamentais, como a privacidade ou a igualdade de tratamento.

O conceito de transparência algorítmica exige que as decisões geradas por esses sistemas sejam explicáveis para os indivíduos afetados. No entanto, isso não significa apenas tornar o código-fonte disponível ou detalhar como o algoritmo foi programado.

Como Cathy O'Neil aponta em Weapons of Math Destruction, a verdadeira transparência envolve a capacidade de entender os resultados que os algoritmos produzem e o impacto que essas decisões têm sobre diferentes grupos sociais (O'NEIL, 2016).

Ela descreve o caso dos algoritmos de avaliação de professores nos Estados Unidos, onde educadores foram demitidos com base em modelos matemáticos cujos critérios e funcionamento eram desconhecidos até mesmo por especialistas.

Sem a capacidade de contestar esses resultados, os professores afetados ficaram à mercê de um sistema invisível e implacável.

Assim, a transparência não deve ser confundida com o simples ato de revelar informações técnicas. Transparência efetiva implica em fornecer explicações acessíveis e compreensíveis para os diferentes públicos impactados pelas decisões algorítmicas.

Isso é particularmente relevante em sistemas de inteligência artificial (IA) que utilizam machine learning, onde as decisões são derivadas de padrões complexos extraídos de grandes volumes de dados. Se não houver um esforço para traduzir esses processos em termos compreensíveis, a transparência será apenas superficial.

2.2   Accountability: Quem é responsável?

Enquanto a transparência busca iluminar o funcionamento interno dos algoritmos, a accountability (responsabilização) visa garantir que aqueles que criam e utilizam essas ferramentas possam ser responsabilizados por seus impactos.

A accountability algorítmica é um campo que se tornou particularmente relevante nos últimos anos, à medida que os sistemas de IA passaram a substituir decisões humanas em áreas cruciais como finanças, saúde e justiça criminal.

O caso do algoritmo COMPAS, utilizado no sistema judicial norte-americano para prever a probabilidade de reincidência criminal, é um exemplo claro de como a accountability é desafiada no contexto algorítmico.

O COMPAS foi amplamente criticado por produzir previsões enviesadas contra afro-americanos, apresentando taxas significativamente mais altas de falsos positivos (predições de que alguém reincidiria quando na realidade não o faria) em comparação com réus brancos.

No entanto, quando questionada, a empresa que desenvolveu o algoritmo alegou que a lógica exata usada para gerar as previsões era proprietária e, portanto, não poderia ser divulgada (ANGWIN et al., 2016). Este cenário evidencia um problema fundamental: como responsabilizar um sistema que não pode ser auditado ou compreendido por completo?

A falta de accountability em algoritmos proprietários gera um vácuo de responsabilidade, onde nenhuma entidade — nem os criadores, nem os usuários — se vê diretamente responsável pelos resultados prejudiciais. Esse vácuo é agravado pelo fato de que muitas decisões são automatizadas, diminuindo ainda mais a capacidade de intervenção humana.

Como apontado por Pasquale (2015), sem mecanismos claros de responsabilização, "a sociedade corre o risco de ser governada por algoritmos que se escondem atrás de sua complexidade, escudados por leis de propriedade intelectual e segredos comerciais".

2.3   Desafios da "caixa-preta" em IA.

A dificuldade de implementar transparência e accountability em algoritmos é agravada pelos sistemas de IA, particularmente aqueles que utilizam técnicas de deep learning. Redes neurais profundas, por exemplo, são notoriamente difíceis de explicar.

Elas funcionam como caixas-pretas no sentido mais literal: os dados são alimentados no sistema e uma decisão é tomada, mas os caminhos exatos que o algoritmo percorreu para chegar a essa conclusão são frequentemente incompreensíveis até mesmo para seus criadores.

Isso coloca uma barreira séria à transparência. Enquanto modelos tradicionais de decisão, como árvores de decisão ou regressões lineares, são relativamente fáceis de interpretar, modelos mais avançados, como redes neurais ou algoritmos de reforço, sacrificam a interpretabilidade em prol da precisão.

No entanto, a precisão não pode vir à custa da responsabilidade e da justiça. Algoritmos que afetam vidas humanas — como os utilizados em decisões médicas, na justiça criminal ou na alocação de recursos públicos — precisam ser explicáveis e auditáveis, mesmo que isso signifique optar por modelos menos complexos ou adotar ferramentas de explainable AI (IA explicável).

Algumas iniciativas recentes buscam lidar com essa questão da explicabilidade. A União Europeia, por exemplo, introduziu em seu Regulamento Geral de Proteção de Dados (GDPR) o conceito de "direito à explicação", que garante aos indivíduos o direito de solicitar uma explicação sobre decisões automatizadas que os afetem significativamente.

Embora o escopo desse direito ainda esteja sendo debatido, ele representa um avanço significativo em direção à accountability algorítmica.

2.4   Exemplos práticos e dicas de implementação.

Para avançar na transparência e accountability de algoritmos, tanto as empresas quanto os governos podem adotar práticas concretas que ajudem a equilibrar a necessidade de eficiência com os princípios éticos e legais.

Criação de comitês de auditoria algorítmica: Organizações que implementam algoritmos em grande escala, como bancos ou empresas de tecnologia, devem estabelecer comitês de auditoria interna para revisar periodicamente a performance e o impacto de seus sistemas algorítmicos.

Esses comitês devem incluir não apenas engenheiros, mas também especialistas em ética, direito e ciência de dados, a fim de proporcionar uma revisão multidisciplinar e identificar possíveis vieses ou inconsistências.

Desenvolvimento de ferramentas de explicabilidade: Para sistemas baseados em IA, as empresas devem investir em ferramentas de explainable AI que permitam a visualização e interpretação dos resultados algorítmicos.

Modelos como LIME (Local Interpretable Model-agnostic Explanations) e SHAP (Shapley Additive Explanations) são exemplos de técnicas que podem ajudar a decifrar as decisões de sistemas complexos, tornando-os mais acessíveis para usuários finais e auditores.

Documentação rigorosa e versões de controle: Documentar o desenvolvimento dos algoritmos — incluindo as decisões tomadas durante o design, a escolha de dados e os parâmetros de treinamento — é crucial para garantir a accountability.

Manter versões de controle dos algoritmos permite que alterações possam ser auditadas e revertidas, caso algum problema seja identificado em um sistema já em operação.

Diretrizes de uso de dados e representatividade: Como os dados são o insumo principal dos algoritmos, é fundamental que as organizações estabeleçam diretrizes claras sobre o uso ético de dados.

Isso inclui garantir que os dados utilizados para treinamento sejam representativos da diversidade da sociedade e que não perpetuem vieses históricos. Organizações devem considerar o impacto de seus dados não apenas em termos de precisão técnica, mas também em termos de justiça social.

3 Ferramentas para promover a transparência algorítmica.

Promover a transparência algorítmica não é apenas uma exigência ética; é uma necessidade prática para garantir que os algoritmos operem de maneira justa, auditável e compreensível.

A opacidade, muitas vezes presente em sistemas algorítmicos complexos, particularmente aqueles que utilizam aprendizado de máquina e técnicas avançadas de IA, cria um desafio significativo para os reguladores, auditores e até mesmo para os próprios desenvolvedores.

No entanto, com o avanço das ferramentas de "explainable AI" (IA explicável), novas abordagens e metodologias têm sido desenvolvidas para tornar os algoritmos mais transparentes.

Neste contexto, abordaremos as principais ferramentas e metodologias atualmente disponíveis para promover a transparência algorítmica, oferecendo exemplos práticos e indicando como essas ferramentas podem ser aplicadas em diferentes cenários, desde sistemas de recomendação até algoritmos decisórios em áreas críticas, como saúde e justiça criminal.

3.1 Ferramentas de IA Explicável.

A IA explicável – XAI - é um campo de pesquisa que busca tornar os algoritmos de aprendizado de máquina mais interpretáveis e compreensíveis para humanos. Essas ferramentas visam fornecer explicações claras sobre o funcionamento de modelos algorítmicos, ajudando os stakeholders a entender como as decisões foram tomadas.

Dentre as principais ferramentas de XAI, destacam-se:

1. LIME (Local Interpretable Model-agnostic Explanations).

O LIME é uma das ferramentas mais amplamente utilizadas para explicar modelos complexos. Ele oferece explicações "locais", ou seja, analisa como o modelo responde a uma amostra específica de dados, criando uma versão simplificada do modelo que pode ser interpretada por humanos.

O LIME é "agnóstico ao modelo", o que significa que pode ser aplicado a qualquer tipo de algoritmo, seja uma rede neural profunda ou um modelo de decisão linear.

Exemplo de uso: Imagine um hospital que utiliza um algoritmo de aprendizado profundo para prever a chance de um paciente desenvolver uma determinada doença.

Exemplo de uso: Imagine um hospital que utiliza um algoritmo de aprendizado profundo para prever a chance de um paciente desenvolver uma determinada doença.

O modelo pode ser preciso, mas sua complexidade dificulta a explicação para os médicos. O LIME pode ser usado para gerar explicações locais, como a importância relativa de fatores específicos (idade, histórico familiar, estilo de vida) para a decisão feita pelo modelo em relação a um paciente específico, ajudando os profissionais de saúde a entender melhor a decisão algorítmica e usá-la de forma mais eficaz.

2. SHAP (Shapley Additive Explanations).

O SHAP é uma ferramenta baseada na teoria dos jogos, que mede a contribuição de cada característica ou variável para uma previsão específica.

Ele é amplamente utilizado por sua capacidade de fornecer explicações globais e locais, fornecendo insights sobre a contribuição de cada variável para o resultado do modelo em termos matematicamente sólidos.

Exemplo de uso: Um banco utiliza um algoritmo de machine learning para determinar a elegibilidade de crédito dos clientes. O SHAP pode ser usado para explicar por que determinado cliente foi aprovado ou recusado, fornecendo uma visão clara de como cada variável (histórico de crédito, renda, etc.) influenciou o resultado final.

Essa explicação é útil tanto para os clientes, que desejam entender o porquê da decisão, quanto para os reguladores, que precisam garantir que o sistema esteja operando de forma justa.

3.2   Transparência através de Visualizações Interativas.

Outra abordagem importante para promover a transparência algorítmica é o uso de visualizações interativas que facilitam a compreensão dos modelos e suas decisões.

Em vez de fornecer apenas uma explicação textual ou numérica, essas visualizações permitem que os usuários explorem os dados e vejam como as diferentes variáveis impactam as decisões algorítmicas.

1. Model Cards.

Introduzidos pelo Google, os Model Cards são relatórios que fornecem informações claras e acessíveis sobre como um modelo foi treinado, quais dados foram utilizados, quais métricas de desempenho foram alcançadas e em que condições o modelo pode falhar.

Além disso, os Model Cards incluem visualizações que ajudam a destacar o desempenho do modelo em diferentes subgrupos de dados, o que é crucial para identificar possíveis vieses.

Exemplo de uso: Ao lançar um novo sistema de IA para avaliar perfis de candidatos em um processo seletivo, uma empresa pode fornecer um Model Card para garantir que tanto os gestores quanto os candidatos possam compreender o funcionamento do algoritmo, quais fatores influenciam as decisões e quais são as limitações do sistema.

2. What-If Tool.

Desenvolvido também pelo Google, o What-If Tool permite que os usuários explorem como pequenas mudanças nos dados de entrada podem afetar as previsões feitas por um modelo de machine learning.

Ao permitir simulações de cenários hipotéticos, essa ferramenta oferece uma maneira intuitiva de explorar a sensibilidade de um modelo a diferentes variáveis e possíveis vieses.

Exemplo de uso: No contexto de uma política pública que usa IA para prever quais comunidades são mais vulneráveis a desastres naturais, o What-If Tool pode ser usado para simular diferentes cenários.

Os tomadores de decisão podem explorar como o modelo responde a alterações em variáveis como densidade populacional, infraestrutura local ou condições climáticas, garantindo que o modelo seja confiável e equitativo.

3.3   Auditoria e revisão de algoritmos.

As auditorias de algoritmos são fundamentais para garantir a transparência e a accountability. Uma auditoria algorítmica envolve a análise detalhada de como um algoritmo foi projetado, treinado e implementado, com o objetivo de identificar possíveis problemas, vieses ou lacunas de transparência.

Exemplo de auditoria: Em 2019, a cidade de Nova York criou um grupo de trabalho para revisar algoritmos utilizados por agências governamentais, com foco em garantir que esses sistemas fossem transparentes e não discriminassem certos grupos sociais.

A revisão foi baseada na análise de como os dados eram processados, que critérios o algoritmo utilizava para tomar decisões e quais eram os resultados para diferentes subgrupos da população. O objetivo era garantir que o uso da IA no governo fosse justo e responsável.

As auditorias de algoritmos podem ser conduzidas por equipes internas ou por auditores externos, e sua eficácia depende da profundidade das análises e da independência dos auditores. Regulamentações, como a Lei de Inteligência Artificial proposta pela União Europeia, já estão começando a exigir auditorias regulares para sistemas de alto risco.

3.4   Ética e Responsabilidade na Construção de Algoritmos.

Além das ferramentas técnicas, a transparência algorítmica depende também de um comprometimento ético por parte das empresas e desenvolvedores. Garantir que os algoritmos sejam transparentes não é apenas uma questão de implementar ferramentas técnicas; é uma questão de responsabilidade.

Como apontado por Cathy O'Neil, "os modelos são opiniões incorporadas em matemática" (O'NEIL, 2016, p. 21). Isso significa que as escolhas feitas durante o desenvolvimento de um algoritmo — desde a seleção de variáveis até a curadoria dos dados de treinamento — são moldadas por suposições humanas, que podem introduzir vieses. Reconhecer essa dimensão ética é essencial para garantir que a transparência não seja apenas um mecanismo técnico, mas uma prática que promova a justiça e a responsabilidade.

4 Estudos de caso sobre falhas algorítmicas e suas consequências.

A crescente dependência de algoritmos para tomar decisões importantes em diversos setores — da saúde às finanças, passando pela segurança pública e pelo marketing digital — trouxe inovações impressionantes, mas também gerou exemplos concretos de falhas algorítmicas com consequências significativas.

Essas falhas muitas vezes surgem devido à falta de transparência, vieses ocultos nos dados e à complexidade das decisões automatizadas, que escapam ao controle humano direto.

Neste capítulo, analisaremos alguns dos casos mais impactantes de falhas algorítmicas, explorando as lições aprendidas e o papel da governança algorítmica na prevenção de problemas futuros.

4.1 O caso Tay: a inteligência artificial da Microsoft que se tornou racista.

Em 2016, a Microsoft lançou o chatbot Tay no Twitter, um sistema de inteligência artificial que foi programado para aprender com interações com outros usuários na plataforma.

A ideia era que Tay fosse uma IA conversacional amigável e interativa, que se adaptasse e aprendesse com as conversas dos usuários. No entanto, em menos de 24 horas, o experimento saiu de controle.

O problema:

Usuários mal-intencionados começaram a interagir com Tay de forma deliberada, ensinando à IA comportamentos e discursos ofensivos e racistas. Sem mecanismos adequados de controle e filtros de moderação, Tay começou a reproduzir essas mensagens ofensivas, publicando tweets racistas e misóginos.

4.2   As consequências:

A Microsoft rapidamente desativou o chatbot, mas o dano à reputação da empresa foi significativo. O caso demonstrou como sistemas de IA, quando não supervisionados adequadamente, podem ser manipulados para gerar conteúdo prejudicial.

Lições aprendidas:

O caso Tay foi uma lição dolorosa sobre a importância da supervisão humana contínua em sistemas de IA, especialmente em ambientes interativos e abertos. Para prevenir esse tipo de falha, as empresas precisam implementar mecanismos de controle, incluindo filtros de conteúdo, moderação em tempo real e limites claros para o aprendizado autônomo de sistemas algorítmicos.

Além disso, este incidente destacou a importância de antecipar comportamentos maliciosos por parte de usuários. Como parte da governança de algoritmos, é essencial que os desenvolvedores considerem cenários adversos durante o design dos sistemas e estabeleçam protocolos de emergência para conter comportamentos indesejados.

4.3   O caso Apple Card: Discriminação algorítmica em crédito.

Outro exemplo recente de falha algorítmica ocorreu com o Apple Card, lançado pela Apple em parceria com o banco Goldman Sachs. Diversos relatos de clientes, incluindo o do cofundador da Apple, Steve Wozniak, indicaram que o algoritmo de crédito do Apple Card estava discriminando mulheres ao oferecer limites de crédito significativamente mais baixos do que os de seus cônjuges masculinos, mesmo quando ambos apresentavam perfis financeiros semelhantes.

O problema:

A estrutura do algoritmo de crédito não foi tornada pública, mas especula-se que ele tenha sido treinado com dados históricos de concessão de crédito que continham vieses de gênero. Embora a Goldman Sachs tenha negado qualquer discriminação intencional, a falta de transparência sobre o funcionamento do algoritmo dificultou a análise e o questionamento sobre a justiça do sistema.

As consequências:

Esse incidente gerou investigações por parte de autoridades regulatórias, destacando a falta de transparência nos algoritmos de crédito e a dificuldade de auditar sistemas que são proprietários e protegidos por segredos comerciais.

Lições aprendidas:

O caso do Apple Card mostra como a falta de transparência e accountability em sistemas algorítmicos pode prejudicar a confiança do consumidor e levar a consequências legais e regulatórias. Governar algoritmos em setores altamente regulados, como o financeiro, exige não apenas a garantia de que o sistema seja justo, mas também que as decisões sejam explicáveis e auditáveis.

4.4   O caso Uber: discriminação de tarifas dinâmicas.

O uso de algoritmos de tarifas dinâmicas pela Uber trouxe eficiência e inovação ao mercado de transporte urbano, ajustando os preços com base na demanda em tempo real.

No entanto, a aplicação desse modelo algorítmico gerou consequências inesperadas e problemáticas, especialmente em situações de alta demanda, como desastres naturais, feriados ou eventos especiais.

O problema:

Durante eventos como a crise causada pelo furacão Sandy, em 2012, e o ataque terrorista em Londres, em 2017, o algoritmo de tarifas dinâmicas da Uber aumentou consideravelmente os preços, explorando momentos de urgência e desespero.

A tarifa, baseada no princípio da oferta e demanda, elevou os preços para patamares absurdos em momentos críticos, onde as pessoas precisavam urgentemente de transporte seguro e rápido.

As consequências:

Esse comportamento algorítmico gerou indignação pública, colocando em questão a ética do uso de algoritmos em situações de crise. A Uber, em resposta, implementou políticas de limitação de aumentos de preços em momentos de emergência, mas o incidente revelou a necessidade de os algoritmos considerarem fatores além da pura eficiência econômica, levando em conta valores éticos e contextos sociais.

Lições aprendidas:

O caso da Uber destacou a importância de implementar mecanismos de governança que garantam que os algoritmos sejam ajustados para situações sensíveis. É essencial que sistemas algorítmicos levem em conta não apenas os princípios econômicos tradicionais, mas também considerações éticas e de responsabilidade social.

Governar esses algoritmos significa incluir diretrizes éticas no próprio código, estabelecendo limites para decisões baseadas unicamente em dados de mercado.

4.5   O caso Google Photos: identificação racial inadequada

Em 2015, o Google Photos, uma plataforma que utiliza algoritmos de reconhecimento de imagem alimentados por IA, enfrentou uma séria falha quando começou a classificar erroneamente pessoas negras como "gorilas" em suas imagens.

O erro chocante ocorreu devido à incapacidade do algoritmo de distinguir adequadamente características faciais humanas em diversos tons de pele e, em particular, a falta de treinamento com um conjunto de dados suficientemente diverso.

O problema:

Os algoritmos de reconhecimento facial da Google foram treinados predominantemente com imagens de indivíduos de pele clara, o que levou a uma falta de precisão ao identificar pessoas de pele mais escura. Essa falha reflete a dependência dos algoritmos de aprendizado de máquina em dados de treinamento de qualidade e diversidade.

Quando esses dados são insuficientes, os resultados podem não apenas ser imprecisos, mas também ofensivos e prejudiciais.

As consequências:

O erro gerou uma onda de críticas, levantando questões sobre o uso de IA em aplicações que envolvem identificação de indivíduos. A Google pediu desculpas e removeu a capacidade de identificar "gorilas" do algoritmo, mas o incidente destacou a urgência de incluir considerações éticas e de diversidade na construção de sistemas de IA.

Lições aprendidas:

Este caso demonstra a importância de assegurar que os dados usados no treinamento de algoritmos sejam representativos de todas as populações.

A governança de algoritmos deve incluir práticas rigorosas de curadoria de dados, com o objetivo de garantir que o modelo funcione adequadamente em um conjunto diverso de usuários e situações. Testes extensivos de validação em diferentes grupos demográficos são essenciais para evitar a perpetuação de estereótipos e erros ofensivos.

4.6   O caso YouTube: algoritmo de recomendação e a amplificação de conteúdos extremistas

A plataforma de vídeos YouTube, propriedade do Google, utiliza algoritmos de recomendação para manter os usuários engajados, sugerindo vídeos com base no histórico de visualização de cada indivíduo.

No entanto, investigações revelaram que o algoritmo de recomendação da plataforma tem sido amplamente criticado por amplificar conteúdos extremistas e teorias da conspiração.

O problema:

O algoritmo do YouTube foi projetado para maximizar o tempo que os usuários passam assistindo a vídeos, o que, por sua vez, gera mais receita publicitária.

No entanto, para alcançar esse objetivo, o algoritmo começou a priorizar conteúdos sensacionalistas e extremistas, já que esses tipos de vídeos frequentemente geram mais cliques e engajamento.

Usuários que começavam assistindo a vídeos relativamente inofensivos sobre política ou cultura pop eram frequentemente levados a vídeos cada vez mais polarizadores ou violentos.

As consequências:

A amplificação de conteúdos extremistas gerou críticas substanciais ao YouTube, levando a uma série de medidas de controle por parte da empresa, como a remoção de vídeos que violam as políticas da plataforma e a modificação de seu algoritmo de recomendação.

No entanto, o dano causado pela difusão de teorias da conspiração e conteúdos violentos foi extenso, contribuindo para a radicalização de certos grupos e disseminação de desinformação.

Lições aprendidas:

O caso do YouTube ressalta a necessidade de algoritmos de recomendação mais responsáveis.

A governança algorítmica, nesse contexto, envolve não apenas ajustar os parâmetros do algoritmo para maximizar o engajamento, mas também garantir que ele não promova conteúdos prejudiciais ou perigosos.

A criação de sistemas de moderação algorítmica e a adoção de filtros mais rigorosos para conteúdos extremistas são práticas fundamentais para mitigar esse tipo de falha.

4.7   O caso Twitter: algoritmo de corte de imagens com viés racial.

Em 2020, usuários do Twitter descobriram que o algoritmo da plataforma para cortar imagens nas prévias exibidas nos feeds estava mostrando preferências raciais, frequentemente favorecendo rostos de pessoas brancas sobre os de pessoas negras ao escolher qual parte da imagem exibir.

O problema:

O algoritmo de corte de imagens do Twitter foi projetado para exibir automaticamente a parte da imagem que fosse considerada "mais relevante" para o usuário.

No entanto, usuários começaram a perceber que, em imagens contendo tanto pessoas brancas quanto negras, o algoritmo tendia a favorecer os rostos brancos nas prévias, cortando ou minimizando a visibilidade dos rostos negros.

O problema estava no treinamento do algoritmo com conjuntos de dados que não eram suficientemente diversos.

As consequências:

O Twitter foi rapidamente criticado por permitir que tal viés racial fosse amplificado por seu algoritmo. A empresa se comprometeu a revisar e atualizar o modelo de IA utilizado para cortar as imagens, mas o incidente levantou preocupações mais amplas sobre o uso de algoritmos em contextos visuais e a importância de abordar vieses ocultos.

Lições aprendidas:

Esse caso destaca a necessidade de revisões constantes e testes rigorosos em sistemas de IA para garantir que não perpetuem preconceitos ou discriminação. A governança algorítmica exige um foco contínuo na equidade e na inclusão, assegurando que os algoritmos funcionem de maneira justa para todos os usuários, independentemente de raça, gênero ou outras características.

5   Vieses algorítmicos: como surgem e como corrigi-los.

A aplicação de algoritmos em contextos que impactam diretamente a vida das pessoas — como decisões de crédito, recrutamento, sentenças judiciais e até diagnósticos médicos — exige uma compreensão profunda dos vieses algorítmicos.

Embora os algoritmos sejam frequentemente percebidos como neutros, a realidade é que eles podem reproduzir e até amplificar desigualdades existentes na sociedade, especialmente quando são treinados com dados históricos enviesados.

Nesta seção, exploraremos como os vieses algorítmicos surgem e discutiremos estratégias para corrigi-los, fornecendo uma visão crítica sobre como tornar esses sistemas mais justos e equitativos.

5.1   Entendendo os vieses algorítmicos.

Os vieses algorítmicos ocorrem quando um algoritmo apresenta um comportamento sistematicamente favorável ou desfavorável a certos grupos de pessoas ou situações, muitas vezes com base em atributos como raça, gênero, classe social ou orientação sexual.

Esses vieses podem ser inseridos intencionalmente ou, mais frequentemente, podem surgir de maneira não intencional, refletindo padrões preexistentes nos dados de treinamento.

Como explica Cathy O'Neil, "os algoritmos carregam as marcas dos seus criadores" (O'NEIL, 2016, p. 4). Isso significa que, desde a escolha dos dados até as decisões sobre como o algoritmo deve funcionar, os vieses humanos podem ser incorporados nos sistemas automatizados.

Esses sistemas, por sua vez, podem amplificar essas distorções, criando uma falsa sensação de imparcialidade simplesmente porque os processos são automatizados e envolvem matemática sofisticada.

5.2   Origem dos vieses algorítmicos.

Os vieses algorítmicos geralmente têm três principais origens:

1. Vieses nos dados de treinamento.

Um dos maiores problemas enfrentados ao desenvolver algoritmos, especialmente no campo do aprendizado de máquina, é a dependência de dados históricos para treinamento.

Quando esses dados refletem desigualdades históricas ou preconceitos, o algoritmo aprende e perpetua essas tendências.

Um exemplo clássico é o caso dos sistemas de reconhecimento facial que apresentam maior precisão para identificar rostos brancos do que rostos negros, devido à falta de diversidade nos conjuntos de dados usados para treinar o modelo.

Esse problema não se limita ao reconhecimento facial. No setor financeiro, algoritmos usados para determinar a concessão de crédito também podem ser treinados com dados que refletem discriminações passadas, o que resulta na negação de crédito a certos grupos marginalizados, como mulheres ou minorias étnicas.

Esse foi o caso do Apple Card, onde mulheres relataram limites de crédito significativamente mais baixos que os de seus cônjuges homens, mesmo com perfis financeiros semelhantes.

A origem do viés estava nos dados históricos utilizados para treinar o sistema de decisão de crédito, que refletiam décadas de discriminação de gênero no setor financeiro.

2. Vieses no design do algoritmo.

Mesmo quando os dados são neutros, o design do algoritmo pode introduzir vieses.

Isso pode ocorrer quando os programadores fazem suposições implícitas durante o desenvolvimento do modelo, ou quando certos fatores são considerados mais importantes do que outros sem uma justificativa clara.

Um exemplo é a priorização de certas variáveis em sistemas de recrutamento, como anos de experiência ou formação acadêmica, que podem privilegiar determinados grupos demográficos em detrimento de outros.

A criação de algoritmos de recrutamento que favoreçam, mesmo sem intenção, candidatos masculinos sobre candidatas femininas, como no caso da Amazon, é um exemplo de viés no design.

Ao basear o modelo em dados de contratações anteriores — onde havia uma predominância de homens no setor de tecnologia — o algoritmo reforçou padrões discriminatórios, sem que houvesse uma análise crítica sobre as variáveis utilizadas.

3. Vieses na implementação e interpretação dos resultados.

Finalmente, os vieses podem surgir na implementação prática de algoritmos, quando as decisões algorítmicas são mal interpretadas ou aplicadas de forma inadequada.

Mesmo que um algoritmo produza resultados precisos, sua interpretação errônea por humanos pode gerar resultados enviesados.

Além disso, quando as decisões algorítmicas não são auditadas ou questionadas, há um risco maior de que vieses se perpetuem e sejam ignorados, criando uma "caixa-preta" onde os resultados são aceitos sem questionamento.

5.3   Categorias de vieses algorítmicos.

Os vieses podem ser classificados em diversas categorias, dependendo da forma como surgem e impactam o sistema. Dentre as principais categorias de vieses, destacam-se:

1. Viés de amostragem.

Esse tipo de viés ocorre quando os dados usados para treinar o modelo não são representativos da população geral. No caso dos sistemas de reconhecimento facial, por exemplo, o uso predominante de imagens de pessoas brancas levou a taxas de erro significativamente mais altas ao identificar rostos de pessoas negras ou asiáticas.

Esse viés se manifesta porque o algoritmo não teve "experiência" suficiente com diferentes tipos de rostos durante o treinamento.

2. Viés de preconceito.

O viés de preconceito surge quando o algoritmo reflete estereótipos ou preconceitos presentes nos dados de treinamento.

Isso é particularmente comum em algoritmos de recomendação ou decisão, onde padrões históricos de discriminação podem ser perpetuados, como em sistemas de crédito, onde certas minorias raciais podem ter sido consistentemente penalizadas.

3. Viés de agregação.

Alguns algoritmos podem ser projetados para otimizar resultados para uma média populacional, o que resulta em vieses quando se trata de subgrupos da população.

Por exemplo, um algoritmo pode ser eficaz ao prever o comportamento financeiro da maioria dos indivíduos, mas falhar gravemente quando aplicado a minorias, criando uma discriminação implícita contra esses grupos.

Como afirma Frank Pasquale, "ao tentar otimizar para o todo, esquecemos das partes que não se encaixam nos moldes da maioria" (PASQUALE, 2015, p. 73).

4. Viés de recorte histórico.

Esse viés ocorre quando o algoritmo é treinado com dados históricos que, em si, já são enviesados. Isso é comum em muitos setores onde há discriminação estrutural de longa data, como o sistema judicial ou o mercado de trabalho. Algoritmos treinados com esses dados reproduzem essas disparidades, perpetuando injustiças passadas.

5.4 Vieses Inconscientes em Dados de Treinamento.

Os vieses inconscientes são talvez os mais insidiosos, pois emergem sem intenção explícita, refletindo preconceitos e desigualdades estruturais que já existem na sociedade.

No contexto dos algoritmos, esses vieses frequentemente surgem no momento em que os modelos são treinados com grandes volumes de dados históricos que carregam as marcas de um passado desigual e excludente.

Ainda que os algoritmos sejam programados para tomar decisões "objetivas", eles podem absorver e amplificar vieses embutidos nos dados de treinamento.

Vieses inconscientes nos dados de treinamento ocorrem porque os dados, muitas vezes, refletem padrões sociais históricos, que incluem discriminação baseada em gênero, raça, classe, orientação sexual e outras características.

Esses padrões são, em grande parte, não intencionais e difíceis de detectar sem uma análise cuidadosa.

Como resultado, os sistemas de IA que dependem de aprendizado de máquina — que exigem grandes quantidades de dados para aprender padrões e fazer previsões — acabam reproduzindo e reforçando esses vieses. Neste capítulo, discutiremos como esses vieses se manifestam e as estratégias para mitigar seu impacto.

5.5 Exemplos de vieses inconscientes em dados de treinamento.

Um exemplo claro de vieses inconscientes é o uso de dados de recrutamento e seleção de funcionários. Em muitos casos, os algoritmos de recrutamento são treinados com currículos históricos e registros de contratação de uma empresa ou de um setor.

Se, historicamente, a empresa contratou mais homens do que mulheres para posições de tecnologia, o algoritmo pode "aprender" que candidatos masculinos são preferíveis, mesmo que isso não reflita a política atual da organização.

Foi exatamente o que aconteceu no caso da Amazon, onde um sistema de recrutamento desenvolvido para analisar currículos começou a discriminar candidatas mulheres.

O algoritmo foi treinado com dez anos de dados de recrutamento, durante os quais predominavam contratações masculinas.

Como resultado, o sistema automaticamente classificava candidatos masculinos como mais qualificados e rebaixava currículos que incluíam a palavra "mulher", como em "capitã de time feminino" (REUTERS, 2018).

Essa discriminação não foi inserida intencionalmente no sistema, mas o viés foi aprendido a partir de padrões históricos de discriminação de gênero presentes nos dados.

Outro exemplo ocorre nos sistemas de justiça criminal, onde algoritmos são usados para prever a reincidência de réus e influenciar decisões de liberdade condicional ou fiança.

Como mencionado anteriormente, o caso do COMPAS demonstrou como algoritmos podem reproduzir vieses raciais. Esses sistemas são treinados com dados históricos que incluem decisões judiciais do passado, em que réus negros foram tratados de maneira desproporcionalmente severa em comparação com réus brancos.

O resultado é um algoritmo que classifica indivíduos negros como mais propensos a reincidir, perpetuando um ciclo de discriminação baseado em dados enviesados (ANGWIN et al., 2016).

5.6   Causas dos vieses inconscientes.

Os vieses inconscientes em dados de treinamento geralmente surgem de uma combinação de fatores que, juntos, levam a resultados distorcidos:

1. Dados históricos enviesados.

Os dados usados para treinar os algoritmos refletem as decisões e políticas de um período de tempo específico. Se as decisões tomadas no passado foram influenciadas por preconceitos raciais, de gênero ou de classe, essas distorções serão incorporadas no conjunto de dados.

Quando o algoritmo aprende a partir desses dados, ele acaba perpetuando essas desigualdades.

2. Falta de representatividade nos dados.

Muitos algoritmos são treinados com dados que não refletem adequadamente a diversidade da população que o sistema pretende atender.

Quando determinados grupos, como minorias raciais ou mulheres, são sub-representados no conjunto de dados, o algoritmo pode ter um desempenho pior quando aplicado a esses grupos, pois ele não teve "experiência" suficiente para aprender padrões válidos sobre eles.

O caso do reconhecimento facial, onde o desempenho é significativamente melhor para pessoas brancas do que para pessoas negras, é um exemplo desse problema.

3. Escolhas implícitas no design do sistema.

Os vieses inconscientes também podem surgir a partir das escolhas feitas no desenvolvimento do algoritmo. A forma como os programadores selecionam variáveis, ponderam fatores e projetam o modelo pode introduzir vieses.

Em muitos casos, essas decisões são tomadas sem considerar os impactos que terão em diferentes grupos demográficos.

4. Viés de sobrevivência.

Este viés surge quando o algoritmo aprende com dados de indivíduos ou entidades que "sobreviveram" a um processo. Isso significa que os dados podem estar enviesados em relação aos grupos que tiveram sucesso em determinado contexto, enquanto os que falharam ou foram excluídos não são representados.

Por exemplo, se um algoritmo de crédito é treinado com dados de indivíduos que obtiveram empréstimos no passado, ele pode não levar em conta os perfis de quem teve crédito negado, reproduzindo as desigualdades no acesso ao crédito.

5.7   Consequências dos vieses inconscientes.

Os vieses inconscientes nos dados de treinamento podem ter consequências graves, tanto para os indivíduos afetados quanto para as organizações que utilizam esses sistemas. Alguns dos principais impactos incluem:

1. Discriminação algorítmica.

Os vieses nos dados de treinamento podem resultar em decisões discriminatórias. Isso pode acontecer em processos de seleção de pessoal, concessão de crédito, julgamento de réus, entre outros. O uso de IA nessas áreas pode parecer uma forma de melhorar a eficiência e eliminar preconceitos humanos, mas, sem cuidados adequados, pode gerar um ciclo de reforço de desigualdades já existentes.

2. Perda de confiança.

Quando os vieses algorítmicos são descobertos, a confiança pública nas decisões automatizadas pode ser gravemente prejudicada. As pessoas podem começar a questionar a legitimidade dos sistemas de IA, especialmente quando são usadas em áreas sensíveis, como a justiça ou o emprego. A perda de confiança nas tecnologias de IA também pode impactar a aceitação geral da sociedade em relação a essas inovações, retardando seu progresso.

3. Reforço de desigualdades sistêmicas.

A longo prazo, algoritmos treinados com dados enviesados podem reforçar e perpetuar desigualdades sistêmicas. Por exemplo, um algoritmo de concessão de crédito que penaliza consistentemente minorias raciais pode impedir o acesso dessas comunidades ao sistema financeiro, agravando a exclusão social e econômica.

5.8   Como corrigir vieses inconscientes.

Embora os vieses inconscientes sejam difíceis de identificar, existem estratégias para mitigar seu impacto e garantir que os algoritmos operem de maneira mais justa e equitativa:

1. Auditoria contínua e monitoramento.

A correção de vieses inconscientes começa com a auditoria regular dos algoritmos, especialmente aqueles usados para decisões críticas. As organizações devem adotar processos de auditoria para examinar os dados de treinamento e monitorar como o algoritmo se comporta ao longo do tempo.

Como sugere Frank Pasquale, "as auditorias algorítmicas não podem ser opcionais; elas devem ser obrigatórias em qualquer sistema que tome decisões que afetem vidas humanas" (PASQUALE, 2015, p. 102).

2. Adoção de práticas de curadoria de dados.

Os dados usados para treinar algoritmos precisam ser cuidadosamente selecionados e analisados para garantir que sejam representativos da população.

Isso inclui garantir a diversidade nos conjuntos de dados e evitar o uso de informações que contenham vieses explícitos. Dados de fontes historicamente enviesadas devem ser tratados com cautela, e algoritmos treinados com esses dados devem ser ajustados para minimizar o impacto de padrões discriminatórios.

3. Treinamento e conscientização.

Os desenvolvedores e engenheiros de IA devem ser treinados para identificar e mitigar vieses inconscientes no design de algoritmos.

A conscientização sobre os impactos éticos e sociais das decisões algorítmicas é essencial para que as equipes técnicas considerem esses fatores durante o desenvolvimento.

Programas de treinamento sobre vieses e diversidade podem ajudar a reduzir a introdução de vieses inconscientes nos sistemas de IA.

4. Uso de técnicas de fairness.

No campo da IA, surgiram várias técnicas e abordagens para reduzir os vieses inconscientes nos algoritmos, conhecidas como fairness algorithms.

Essas técnicas envolvem a análise de como o algoritmo trata diferentes grupos de indivíduos e a implementação de ajustes para garantir que ele opere de maneira equitativa.

Ferramentas como Fairness Indicators e IBM AI Fairness 360 estão sendo desenvolvidas para ajudar as organizações a identificar e corrigir vieses em seus sistemas.

6   Técnicas para mitigar vieses em modelos de IA.

A crescente adoção de inteligência artificial (IA) em áreas críticas da sociedade — como saúde, justiça, recrutamento e finanças — destacou a necessidade urgente de abordarmos os vieses algorítmicos.

Os vieses, como discutido anteriormente, surgem principalmente dos dados de treinamento e do design do modelo, e podem resultar em decisões discriminatórias que afetam desproporcionalmente certos grupos.

Mitigar esses vieses é essencial para garantir que os sistemas de IA sejam justos, inclusivos e transparentes.

6.1   Pré-processamento: Limpeza e Curadoria de Dados.

A etapa de pré-processamento dos dados é crucial para garantir que o modelo de IA não seja treinado com informações enviesadas. Nesta fase, os dados são organizados, limpos e ajustados para remover padrões discriminatórios antes de serem usados para o treinamento do algoritmo.

1. Balanceamento de Dados.

O balanceamento dos dados de treinamento é uma técnica usada para garantir que o conjunto de dados seja representativo e não favoreça um grupo específico em detrimento de outros.

Quando o conjunto de dados contém amostras desproporcionalmente maiores de uma determinada classe (por exemplo, homens em comparação com mulheres), o algoritmo pode aprender a favorecer esse grupo.

O balanceamento corrige essa disparidade, aumentando a representatividade dos grupos sub-representados.

Exemplo: Um modelo de IA treinado para prever promoções em uma empresa pode ser enviesado se o conjunto de dados contiver mais homens em cargos de liderança. Para mitigar esse viés, o conjunto de dados pode ser balanceado para garantir que as mulheres também estejam adequadamente representadas.

2. Remoção de variáveis sensíveis.

Outra técnica amplamente utilizada no pré-processamento é a remoção de variáveis sensíveis ou proxies (variáveis que atuam como substitutas para variáveis protegidas, como gênero ou raça).

Por exemplo, se a variável "gênero" estiver associada a decisões de recrutamento ou promoção, ela pode ser removida do conjunto de dados de treinamento. No entanto, essa técnica tem limitações, pois o viés pode ser introduzido indiretamente por meio de outras variáveis correlacionadas.

Exemplo: O viés de gênero pode ser reduzido removendo-se variáveis como "título" (Sr., Sra.) ou "nome" que podem revelar o gênero de um candidato em um processo de recrutamento automatizado.

3. Substituição por variáveis justas

Em alguns casos, em vez de remover variáveis potencialmente enviesadas, os desenvolvedores podem substituir essas variáveis por indicadores mais "justos". Isso pode ser feito por meio de técnicas de fairness, que ajustam os pesos das variáveis que podem introduzir vieses.

6.2   Processamento durante o treinamento: Aprendizado justo (Fairness-Aware Learning).

A etapa de treinamento do modelo é onde os vieses podem ser reforçados ou mitigados. Durante o treinamento, existem técnicas que podem ser implementadas para garantir que o algoritmo aprenda de forma justa e inclusiva, corrigindo padrões enviesados à medida que o modelo evolui.

1. Adição de penalizações ao custo (Fairness Constraints).

Uma das abordagens mais utilizadas durante o treinamento é a adição de penalizações ao custo do modelo para forçá-lo a se comportar de maneira mais justa.

Isso é feito ajustando a função de perda do modelo para incluir uma penalidade sempre que o modelo apresentar um comportamento enviesado. As penalidades podem ser aplicadas em diferentes métricas, como a taxa de erro entre diferentes grupos demográficos.

Exemplo: Um sistema de concessão de crédito pode ser ajustado para que a função de custo penalize decisões que resultem em taxas de aprovação significativamente diferentes entre homens e mulheres.

2. Classificadores justos,

Algoritmos de aprendizado de máquina, como árvores de decisão, redes neurais ou máquinas de vetor de suporte (SVM), podem ser modificados para garantir que a probabilidade de erro seja distribuída de forma equitativa entre diferentes grupos.

Esses classificadores justos são projetados para minimizar disparidades entre grupos protegidos (como raça ou gênero) e garantir que a precisão do modelo seja consistente entre esses grupos.

Exemplo: Um algoritmo de recrutamento pode ser treinado com classificadores justos para garantir que as taxas de aceitação e rejeição sejam semelhantes para candidatos de diferentes raças e gêneros.

6.3 Pós-processamento: Ajuste de Saídas Algorítmicas.

O pós-processamento é uma etapa que ocorre após o treinamento do modelo, onde os resultados finais são ajustados para garantir a equidade nas decisões automatizadas.

Essa técnica é particularmente útil em situações em que o modelo de IA já foi implantado, mas é necessário ajustar os resultados para corrigir eventuais vieses observados.

1. Equalização de probabilidades (Equalized Odds).

Uma técnica amplamente utilizada no pós-processamento é a equalização de probabilidades, que ajusta as previsões de um modelo para garantir que a taxa de falsos positivos e falsos negativos seja semelhante entre diferentes grupos demográficos.

Essa técnica pode ser particularmente eficaz em sistemas de IA que tomam decisões críticas, como concessão de crédito ou diagnósticos médicos.

Exemplo: Um algoritmo de diagnóstico médico pode ser ajustado para garantir que a taxa de diagnósticos incorretos (falsos negativos e falsos positivos) seja a mesma entre diferentes grupos étnicos.

2. Rebalanceamento de resultados

Em alguns casos, as saídas do modelo podem ser ajustadas para corrigir a desigualdade nos resultados.

Isso pode ser feito alterando os limiares de decisão para diferentes grupos demográficos, assegurando que as previsões do modelo não favoreçam desproporcionalmente um grupo em detrimento de outro.

Exemplo: Um algoritmo de concessão de crédito pode ser ajustado para aumentar a taxa de aprovação para grupos minoritários, compensando vieses históricos que resultaram na sub-representação desses grupos no mercado financeiro.

6.4   Ferramentas e frameworks de fairness.

Nos últimos anos, surgiram diversas ferramentas e frameworks que ajudam os desenvolvedores a identificar e mitigar vieses em seus modelos de IA.

Algumas dessas ferramentas são amplamente utilizadas em ambientes de produção e oferecem suporte para auditoria e avaliação da equidade dos sistemas de IA.

1. IBM AI Fairness 360 (AIF360).

O IBM AI Fairness 360 é um conjunto de ferramentas de código aberto que permite que os desenvolvedores avaliem e melhorem a equidade dos seus modelos de IA.

Ele oferece um conjunto robusto de métricas de fairness, além de algoritmos projetados para reduzir vieses em todas as etapas do ciclo de vida do desenvolvimento de IA — do pré-processamento ao pós-processamento.

2. Fairlearn.

O Fairlearn, desenvolvido pela Microsoft, é uma biblioteca de código aberto que fornece ferramentas para a mitigação de vieses e auditoria de equidade em modelos de aprendizado de máquina.

O Fairlearn permite que os desenvolvedores ajustem seus modelos para melhorar a equidade entre grupos protegidos, fornecendo métricas de equidade e ferramentas para comparar diferentes abordagens.

3. Fairness Indicators.

Os Fairness Indicators, desenvolvidos pelo Google, oferecem métricas fáceis de usar para avaliar a equidade de sistemas de IA em diferentes subgrupos demográficos.

Essa ferramenta é particularmente útil em pipelines de aprendizado de máquina, permitindo que os desenvolvedores monitorem continuamente a equidade dos seus modelos ao longo do tempo.

7   Como os algoritmos desafiam a governança e a ética nas decisões automatizadas.

A regulação do uso de algoritmos passa, necessariamente, pela criação de um arcabouço jurídico que aborde aspectos de transparência, responsabilidade e equidade. Em muitas partes do mundo, as legislações que controlam a inteligência artificial (IA) e o uso de algoritmos ainda estão em estágio embrionário.

Não obstante, exemplos de regulações emergentes, como o Regulamento Geral sobre a Proteção de Dados (GDPR) da União Europeia, oferecem modelos de governança que podem servir de base para futuras implementações globais.

O GDPR, em vigor desde 2018, não aborda diretamente o uso de algoritmos, mas inclui diretrizes que implicam no tratamento de dados processados por IA.

Um exemplo crucial é o Artigo 22, que concede aos indivíduos o direito de não serem sujeitos a decisões baseadas unicamente em processamento automatizado. Isso inclui a possibilidade de questionar uma decisão algoritmicamente gerada — como a aprovação de um empréstimo bancário ou a seleção em um processo de recrutamento.

Tal legislação destaca a importância da accountability e da necessidade de supervisão humana sobre decisões automatizadas, um princípio fundamental na governança de algoritmos.

Nos Estados Unidos, a ausência de uma legislação específica sobre IA levou a diferentes estados a criarem seus próprios regulamentos. O estado de Illinois, por exemplo, implementou a Illinois Artificial Intelligence Video Interview Act, que regulamenta o uso de IA em entrevistas de emprego por vídeo.

De acordo com esta lei, as empresas são obrigadas a informar os candidatos quando o sistema de IA está sendo utilizado, como ele funciona e obter o consentimento explícito.

A transparência aqui é uma exigência crítica, alinhada à ética no uso de algoritmos, que deve sempre priorizar o consentimento informado e a explicação acessível dos mecanismos tecnológicos envolvidos.

7.1   Desafios na Implementação de Regulamentações.

Entretanto, um dos maiores desafios na governança de algoritmos é a natureza opaca de muitas dessas tecnologias. Fenômenos como a "caixa-preta algorítmica" tornam complexa a tarefa de regular essas ferramentas.

A opacidade ocorre quando nem os desenvolvedores conseguem explicar, de maneira clara e compreensível, como o algoritmo chegou a uma determinada decisão.

Isso foi evidenciado, por exemplo, no caso dos algoritmos usados na justiça criminal nos Estados Unidos, como o COMPAS (Correctional Offender Management Profiling for Alternative Sanctions), um sistema utilizado para prever o risco de reincidência de prisioneiros.

Estudos revelaram que, embora o COMPAS fosse amplamente utilizado, suas previsões eram racialmente enviesadas, prejudicando réus negros de maneira desproporcional.

Apesar da gravidade dessas descobertas, a falta de transparência na forma como o algoritmo gerava suas previsões dificultava a contestação das decisões tomadas com base em suas análises.

Diante de exemplos como o do COMPAS, surgem perguntas urgentes: Como os reguladores podem criar leis eficazes se o funcionamento de muitos algoritmos ainda é inacessível até mesmo para seus criadores? Qual o papel dos Estados-nação e das organizações supranacionais na mitigação de impactos discriminatórios causados por algoritmos?

A governança regulatória precisa abordar, com urgência, mecanismos para forçar maior transparência e explicabilidade.

Uma abordagem promissora tem sido a utilização de auditorias algorítmicas, nas quais especialistas independentes analisam o funcionamento de um algoritmo para identificar potenciais vieses ou comportamentos indesejados.

No entanto, a exigência de auditorias frequentes, tanto por órgãos reguladores quanto por empresas, ainda não é uma prática difundida. Isso se reflete na escassez de normas padronizadas para condução de auditorias, o que dificulta a fiscalização eficiente dessas tecnologias.

As Dimensões Éticas da Governança de Algoritmos.

O debate sobre a governança algorítmica não se limita às questões técnicas ou legislativas, mas também abrange dilemas éticos profundos.

O uso de algoritmos para a tomada de decisões que afetam a vida humana, como na saúde pública ou em tribunais, levanta questões sobre responsabilidade moral.

Quem deve ser responsabilizado quando um algoritmo falha ou produz resultados injustos? Os desenvolvedores, as empresas que implantam o sistema, ou os reguladores que falham em supervisionar adequadamente essas tecnologias?

Esses dilemas éticos são exemplificados em situações reais, como o escândalo de 2020 no Reino Unido envolvendo um algoritmo usado para calcular notas de alunos durante a pandemia da COVID-19.

Devido ao cancelamento dos exames tradicionais, o governo britânico optou por utilizar um algoritmo para atribuir as notas dos estudantes.

Esse algoritmo, no entanto, apresentou vieses evidentes que prejudicaram alunos de escolas públicas, geralmente oriundos de classes sociais mais baixas, favorecendo os estudantes de escolas privadas.

A indignação pública foi intensa, e o sistema foi abandonado após a reação generalizada de pais e estudantes. Este exemplo ressalta a importância de uma governança não apenas regulatória, mas também ética, que considere os impactos sociais e sistêmicos do uso de algoritmos.

8 Modelos de Governança Algorítmica em Setores Regulados

A integração de algoritmos em setores amplamente regulados, como saúde, finanças, energia e transportes, tem promovido mudanças radicais tanto na forma como esses setores operam quanto na maneira como suas atividades são monitoradas.

A complexidade e a escala dessas operações exigem que modelos de governança algorítmica sejam estabelecidos com cuidado, para garantir que as inovações tecnológicas proporcionadas pela inteligência artificial (IA) e pelo aprendizado de máquina sejam conduzidas de forma ética, transparente e responsável.

Neste contexto, a governança algorítmica deve considerar as particularidades de cada setor regulado, adaptando-se a suas exigências legais e, ao mesmo tempo, mitigando os riscos associados ao uso de sistemas automatizados.

Os setores regulados, devido à sua importância crítica para a sociedade, têm requisitos rígidos de conformidade e segurança, que se estendem naturalmente aos sistemas algorítmicos neles implementados.

No entanto, a adoção desses modelos precisa transcender a simples observância de normas, passando por uma visão mais holística, que leve em conta os impactos a longo prazo e os possíveis efeitos colaterais dessas tecnologias na vida das pessoas.

8.1 Finanças: o impacto da automação na avaliação de risco e crédito.

O setor financeiro tem sido um dos pioneiros na adoção de algoritmos para automatizar processos complexos, como a análise de crédito, a precificação de ativos e a gestão de risco.

As instituições financeiras utilizam algoritmos sofisticados para processar grandes volumes de dados em questão de segundos, auxiliando na tomada de decisões estratégicas.

No entanto, a aplicação desses sistemas exige uma governança rigorosa, visto que decisões mal calculadas ou viesadas podem ter impactos devastadores para indivíduos e para o mercado em geral.

Um exemplo emblemático do uso de algoritmos na regulação financeira é o "Basel Committee on Banking Supervision" (Comitê de Supervisão Bancária de Basileia), que estabelece normas globais para a gestão de riscos no setor bancário.

As diretrizes de Basileia III, introduzidas após a crise financeira de 2008, são um claro exemplo de um modelo de governança que visa garantir que algoritmos utilizados para calcular riscos de crédito e de mercado operem dentro de parâmetros seguros e transparentes.

Isso inclui o uso de "stress tests" — simulações que testam como as instituições reagiriam a diferentes cenários de crise — para verificar a robustez dos algoritmos de precificação e gestão de risco.

No entanto, um dos maiores desafios enfrentados pelo setor financeiro é a criação de mecanismos que permitam monitorar e corrigir algoritmos em tempo real.

O "flash crash" de 2010, quando um algoritmo defeituoso causou uma queda abrupta e temporária no mercado de ações dos Estados Unidos, é um exemplo da vulnerabilidade dos mercados altamente automatizados. A governança algorítmica no setor financeiro, portanto, precisa equilibrar inovação com a necessidade de mecanismos de supervisão que possam prevenir erros catastróficos.

Além disso, a crescente adoção de algoritmos para análises de crédito levanta questões éticas sobre a equidade dessas decisões. O uso de dados históricos e pessoais pode, por exemplo, perpetuar discriminações sistêmicas, levando a aprovações de crédito baseadas em fatores como raça ou endereço.

No Reino Unido, o órgão regulador financeiro "Financial Conduct Authority" (FCA) lançou uma investigação sobre como os algoritmos de crédito podiam exacerbar desigualdades, exigindo que as instituições provem que seus sistemas não estão gerando discriminação.

8.2   Saúde: Inteligência artificial para diagnóstico e tratamento.

O setor de saúde também tem se beneficiado enormemente da aplicação de algoritmos para diagnóstico e tratamento. Desde sistemas que auxiliam radiologistas na interpretação de exames de imagem até algoritmos que preveem a resposta de pacientes a determinados tratamentos, a IA promete revolucionar o cuidado médico.

Contudo, como em outros setores, a adoção desses sistemas exige governança rigorosa para assegurar que as decisões algorítmicas sejam transparentes, explicáveis e, sobretudo, seguras.

Nos Estados Unidos, o "Food and Drug Administration" (FDA), responsável pela aprovação de dispositivos médicos, implementou um quadro regulatório específico para IA em saúde.

O FDA reconhece que os sistemas baseados em aprendizado de máquina são únicos porque, ao contrário de dispositivos tradicionais, eles podem evoluir e se adaptar com o tempo à medida que são alimentados por novos dados.

Por essa razão, a FDA exige que as empresas forneçam garantias sobre a segurança e a eficácia de seus algoritmos, especialmente aqueles que têm a capacidade de modificar suas operações sem intervenção humana.

Outro exemplo de governança no setor de saúde vem do Reino Unido, onde o "National Health Service" (NHS) lançou iniciativas para garantir que a adoção de IA respeite normas éticas rigorosas.

Um desses projetos é a parceria com a empresa DeepMind para desenvolver algoritmos que auxiliem no diagnóstico de doenças renais.

No entanto, o NHS enfrentou críticas pela falta de transparência e pela falha em obter o consentimento adequado dos pacientes para o uso de seus dados. Esse episódio ressalta a importância de estabelecer marcos regulatórios que garantam não apenas a eficácia dos algoritmos, mas também a proteção dos direitos dos pacientes.

Além da questão da transparência, há um dilema ético relacionado à supervisão de diagnósticos feitos por IA. Quando um médico toma uma decisão clínica, ele é responsabilizado por essa escolha.

Mas, quando um algoritmo sugere um tratamento ou diagnóstico, quem é responsável? Este é um desafio crucial na governança de algoritmos na saúde, que ainda busca definir como alocar responsabilidade em casos de erros ou falhas do sistema.

8.3   Transporte: veículos autônomos e a governança da automação.

No setor de transporte, os veículos autônomos representam uma das áreas mais dinâmicas e controversas da aplicação de algoritmos. A promessa de carros autônomos é a de um futuro em que os acidentes de trânsito, causados majoritariamente por erro humano, serão reduzidos drasticamente.

No entanto, esse futuro ainda é cercado de incertezas regulatórias e éticas, especialmente no que diz respeito à governança das decisões algorítmicas em cenários de alto risco.

O exemplo dos veículos autônomos da Tesla, que já circulam nas estradas em modo semi-autônomo, ilustra os desafios de governança nesse setor. A Tesla implementa sistemas de aprendizado de máquina em seus carros para aprender com dados coletados continuamente, ajustando seus modelos de condução.

Porém, incidentes envolvendo acidentes fatais levantaram questionamentos sobre a governança desses sistemas e sua capacidade de lidar com situações imprevistas.

Em um desses incidentes, um motorista faleceu quando o carro autônomo da Tesla não conseguiu distinguir um caminhão branco de fundo claro em uma estrada ensolarada, uma falha algorítmica grave.

Esse caso destaca a necessidade de uma governança robusta e de regulamentações que exijam padrões de segurança mais rigorosos para a operação de veículos autônomos.

A governança algorítmica no transporte envolve não apenas a supervisão de incidentes, mas também a criação de padrões para o desenvolvimento e a implementação dessas tecnologias.

Na União Europeia, o regulamento sobre veículos autônomos estabelece que, para um carro ser autorizado a operar em modo autônomo, ele deve atender a padrões mínimos de segurança e passar por uma série de testes de estresse.

Além disso, as empresas são obrigadas a compartilhar dados sobre a performance de seus veículos com órgãos reguladores, criando um nível adicional de transparência e supervisão.

Outro ponto crítico é a questão ética de como os algoritmos de veículos autônomos devem se comportar em situações de dilema moral. Um dos debates mais recorrentes é o "problema do bonde", em que o carro autônomo teria que escolher entre duas alternativas indesejadas em um acidente inevitável.

Como programar um algoritmo para fazer uma escolha em situações em que a vida humana está em jogo? Essa questão é objeto de intenso debate em termos de governança ética, pois envolve a programação de sistemas que devem tomar decisões baseadas em valores humanos.

8.4   Energia: automação para sustentabilidade e eficiência.

O setor energético tem adotado a IA como uma ferramenta essencial para a transição rumo à sustentabilidade. Sistemas de redes inteligentes (smart grids), que utilizam algoritmos para otimizar a distribuição de energia, são fundamentais para gerenciar de forma eficiente fontes de energia renovável, como a solar e a eólica, que são intermitentes por natureza.

No entanto, a governança desses sistemas algorítmicos requer atenção especial para assegurar que a automação não comprometa a segurança do fornecimento energético.

Nos Estados Unidos, a "Federal Energy Regulatory Commission" (FERC) tem um papel crucial na supervisão do uso de IA em sistemas de distribuição de energia.

A FERC emite normas que regem como as concessionárias devem usar algoritmos para gerenciar a rede elétrica, equilibrando a necessidade de inovação com a responsabilidade de manter a rede segura contra falhas e ataques cibernéticos.

Um exemplo é o uso de IA para prever falhas em transformadores e linhas de transmissão, permitindo que as concessionárias realizem manutenção preventiva antes que ocorra uma interrupção no fornecimento de energia.

No entanto, a aplicação de IA no setor energético também traz questões de equidade e acesso. A automação pode levar a práticas de "racionamento algorítmico", em que regiões mais pobres ou menos lucrativas possam receber menos atenção ou investimentos para a manutenção de suas redes. Além disso, a automação

9   Auditoria e Monitoramento de Algoritmos

A auditoria algorítmica é uma prática fundamental para a governança de sistemas automatizados, garantindo que suas operações sejam consistentes com os princípios éticos e legais.

Com a proliferação de algoritmos em áreas sensíveis, como decisões judiciais, concessão de crédito e diagnósticos médicos, tornou-se imperativo avaliar regularmente o desempenho e os impactos dessas tecnologias.

A importância da auditoria se evidencia em diversas dimensões. Primeiramente, ela assegura a transparência — uma preocupação crescente, dado que muitos algoritmos são operados como "caixas-pretas", onde o processo de decisão é opaco até mesmo para os desenvolvedores.

A auditoria oferece uma oportunidade para desmistificar esse processo, proporcionando clareza sobre como as decisões são tomadas e permitindo identificar possíveis vieses ou erros de cálculo.

Além disso, a auditoria algorítmica é vital para responsabilização. Em um cenário onde decisões automatizadas podem impactar profundamente a vida de indivíduos, como na aplicação de sistemas de recrutamento automatizado ou de justiça criminal, torna-se crucial responsabilizar tanto os criadores dos algoritmos quanto as instituições que os empregam. Sem auditoria, é difícil definir quem deve ser responsabilizado em casos de falha ou prejuízo.

A auditoria garante a conformidade regulatória. Em um cenário onde legislações como o GDPR na Europa ou a LGPD no Brasil impõem obrigações rigorosas sobre a coleta e o processamento de dados, as auditorias asseguram que os sistemas estejam em conformidade com essas regulamentações.

Em muitos casos, as auditorias também são exigidas pelos reguladores como um componente obrigatório para a certificação de sistemas algorítmicos.

9.1   Ferramentas de monitoramento e auditoria de algoritmos.

Com o aumento da complexidade dos sistemas de inteligência artificial e aprendizado de máquina, surgiram várias ferramentas para auxiliar na auditoria e no monitoramento de algoritmos.

Essas ferramentas desempenham um papel crucial ao permitir que tanto empresas quanto reguladores possam inspecionar, avaliar e corrigir o comportamento dos algoritmos em tempo real ou de maneira periódica.

As principais ferramentas incluem:

1. Fairness Indicators: esta ferramenta, desenvolvida pelo Google, ajuda a medir e mitigar vieses nos modelos de aprendizado de máquina.

    O Fairness Indicators oferece insights detalhados sobre o desempenho do algoritmo em diferentes grupos populacionais, permitindo identificar potenciais discriminações.

2. AI Explainability 360: Desenvolvido pela IBM, este toolkit fornece uma série de algoritmos que permitem explicar como os modelos de aprendizado de máquina tomam decisões.

    Isso é especialmente importante em setores onde a explicabilidade é mandatória, como no diagnóstico médico ou nas decisões judiciais.

3. Lime (Local Interpretable Model-Agnostic Explanations): O Lime é uma ferramenta que busca tornar mais compreensíveis os

resultados de modelos de aprendizado de máquina complexos, fornecendo explicações locais para cada decisão específica.

Essa ferramenta é amplamente utilizada em auditorias para entender o comportamento de modelos de "caixa-preta", como redes neurais profundas.

4. Audit-AI: Ferramenta que automatiza a análise de possíveis vieses em sistemas de IA, usada para garantir que algoritmos não estejam promovendo discriminação em contextos como recrutamento de pessoal ou concessão de crédito.

   O Audit-AI examina a equidade de algoritmos analisando como eles afetam diferentes grupos com base em critérios como raça, gênero e local de origem.

5. Model Cards: Uma ferramenta proposta pelo Google que fornece documentação padrão sobre o desempenho de modelos de aprendizado de máquina em diferentes conjuntos de dados, explicando suas limitações, áreas de aplicação e potenciais vieses.

   Essa prática ajuda os auditores a entenderem o escopo do algoritmo e a tomarem decisões informadas sobre sua implementação.

Essas ferramentas são essenciais para fornecer tanto explicabilidade quanto transparência em sistemas altamente complexos, oferecendo uma base técnica para uma auditoria algorítmica eficiente.

9.2   A evolução das técnicas de monitoramento de IA.

À medida que a inteligência artificial evolui, as técnicas de monitoramento e auditoria também precisam se adaptar às novas complexidades introduzidas por modelos mais avançados, como as redes neurais profundas e os sistemas de aprendizado não supervisionado.

Nos primeiros anos de uso dos algoritmos, o foco das auditorias era a avaliação pós-implementação, onde os resultados dos sistemas eram revisados apenas após um determinado período de operação. No entanto, com o crescimento da complexidade e dos impactos sociais e econômicos desses sistemas, o monitoramento passou a ser contínuo e proativo.

Uma das principais evoluções foi a introdução de monitoramento em tempo real, onde os sistemas são continuamente avaliados para garantir que seu desempenho permaneça dentro dos limites aceitáveis de equidade, transparência e eficiência.

Esse tipo de monitoramento é especialmente relevante em setores de alto risco, como o financeiro e o de saúde, onde decisões automatizadas podem ter consequências imediatas e graves.

Além disso, novas abordagens, como o monitoramento baseado em blockchain, estão sendo exploradas para criar trilhas de auditoria imutáveis que registram todas as decisões algorítmicas em tempo real. Essa técnica permite que auditores rastreiem e verifiquem a integridade de decisões automatizadas, criando uma camada adicional de transparência e confiança.

A evolução das técnicas de auditoria também inclui o uso de simulações de cenários extremos (stress testing), onde os algoritmos são testados em condições de alta pressão ou com dados extremos para identificar possíveis falhas. Esses testes são particularmente importantes para sistemas usados em setores críticos, como a gestão de redes elétricas ou o controle de tráfego aéreo.

10 Dicas práticas para governar algoritmos.

À medida que os algoritmos assumem um papel central em diversas indústrias e impactam diretamente a vida das pessoas, a governança eficaz desses sistemas se torna essencial para garantir que eles operem de maneira ética, justa e transparente.

Para alcançar esse objetivo, empresas e instituições devem implementar práticas robustas de governança algorítmica. A seguir, estão dicas práticas para governar algoritmos, oferecendo um roteiro para mitigar riscos e assegurar que esses sistemas automatizados funcionem conforme os padrões mais elevados de integridade e responsabilidade.

10.1 Tenha uma periodicidade bem definida.

As auditorias devem ser realizadas em intervalos regulares, com frequência adaptada à criticidade do setor e ao ritmo de mudanças do algoritmo. Um algoritmo financeiro que lida com milhões de transações diárias, por exemplo, exige auditorias mais frequentes do que um algoritmo que processa dados menos dinâmicos.

10.2 Realize auditorias com auditores internos e externos.

A combinação de auditorias internas, que oferecem insights detalhados de equipes técnicas especializadas, e auditorias externas, conduzidas por auditores independentes, garante maior transparência e reduz o risco de conflitos de interesse.

Documentação e rastreabilidade. Toda auditoria deve gerar relatórios claros e rastreáveis, indicando os parâmetros avaliados, os dados analisados e as conclusões alcançadas. Essa documentação facilita a revisão futura e aumenta a confiança no processo de auditoria.

Incorpore auditorias como parte do ciclo de desenvolvimento do algoritmo.

Auditorias não devem ser realizadas apenas após a implementação dos sistemas. Elas devem fazer parte do ciclo de vida do desenvolvimento do algoritmo, sendo conduzidas durante o design, implementação e ajustes subsequentes.

10.3   Use uma abordagem multidisciplinar.

Auditorias algorítmicas devem contar com a participação de especialistas de diferentes áreas — como ciência de dados, ética, direito e psicologia — para garantir que todos os aspectos relevantes sejam abordados, desde a conformidade regulatória até os impactos éticos e sociais.

10.4   Mantenha o processo acessível.

Os resultados das auditorias devem ser apresentados de maneira clara e acessível, tanto para o público técnico quanto para os tomadores de decisão e, sempre que possível, para o público afetado pelas decisões do algoritmo.

10.5   Adote padrões e frameworks reconhecidos.

Utilize padrões de auditoria já estabelecidos, como o IEEE 7010 (sobre impacto de algoritmos) ou as diretrizes da Fairness, Accountability, and Transparency in Machine Learning (FAT-ML), para assegurar que as auditorias sigam práticas amplamente aceitas.

11 Caminhos para a governança eficiente: recomendações e reflexões.

Diante dos desafios discutidos, é imperativo que qualquer estrutura de governança de algoritmos inclua um conjunto de princípios fundamentais, a saber: transparência, responsabilidade, supervisão humana e mitigação de vieses.

Esses princípios devem ser apoiados por regulamentações que se adaptem à evolução tecnológica contínua, sem que se tornem obsoletas diante do ritmo acelerado das inovações.

Por exemplo, a aplicação de sistemas de IA em setores como a saúde pública deve ser cuidadosamente monitorada. Na China, o uso de IA para auxiliar diagnósticos médicos tem crescido rapidamente. O sistema IA desenvolvido pela empresa Tencent, chamado "Tencent AI Lab", já é usado para prever doenças, incluindo câncer.

No entanto, a ausência de regulamentações claras sobre a responsabilidade e a transparência desses sistemas levanta preocupações. A IA pode fazer previsões complexas, mas o que acontece quando essas previsões falham ou são incorretas? Sem uma governança robusta, os riscos de danos irreparáveis aumentam exponencialmente.

No Brasil, a discussão em torno da Lei Geral de Proteção de Dados (LGPD) também ilustra os primeiros passos para a regulamentação do uso de algoritmos.

Embora focada principalmente na proteção de dados pessoais, a LGPD possui implicações diretas na forma como as empresas utilizam algoritmos para processar esses dados, como no caso de campanhas publicitárias personalizadas ou sistemas de recomendação de produtos.

A Lei estabelece princípios que impõem limites éticos à coleta e ao uso de dados, uma abordagem que pode ser expandida para incluir uma governança mais abrangente do uso de IA no país.

Por fim, uma recomendação prática para as empresas que já fazem uso de algoritmos é a criação de comitês de ética internos, responsáveis por revisar os impactos sociais e éticos de suas implementações de IA.

A promoção de maior diversidade nas equipes de desenvolvimento de algoritmos também pode mitigar vieses que, muitas vezes, surgem de uma visão limitada ou homogênea do mundo.

12 Conclusão.

Ao longo deste livro, "Governança de Algoritmos", exploramos os principais conceitos, práticas e desafios envolvidos na administração ética e eficiente dos sistemas de inteligência artificial que permeiam o nosso mundo.

Abordamos desde a importância de governar algoritmos e a relação intrínseca entre IA e dados, até os desafios impostos pela opacidade dessas tecnologias — o chamado "paradoxo da transparência" — e a necessidade crescente de accountability.

Vimos como a falta de transparência algorítmica pode gerar consequências indesejadas, como discriminação e vieses, afetando a vida de milhões de pessoas em áreas sensíveis como justiça criminal, saúde e finanças.

Para enfrentar esses desafios, oferecemos uma série de ferramentas práticas, como as auditorias algorítmicas, as ferramentas de IA explicável, frameworks de fairness e métodos de visualização interativa que auxiliam na compreensão e fiscalização das decisões automatizadas.

Também discutimos os vieses algorítmicos e suas causas, exemplificando como a simples adoção de algoritmos não garante decisões neutras ou justas. Pelo contrário, os sistemas algorítmicos tendem a refletir e amplificar os vieses inconscientes presentes nos dados de treinamento, perpetuando desigualdades históricas.

Discutimos como mitigar esses vieses com práticas de pré-processamento, fairness-aware learning e pós-processamento, sempre com o objetivo de criar sistemas mais inclusivos e justos.

Exploramos exemplos concretos de falhas algorítmicas que ressaltam a importância de uma governança robusta e proativa.

Desde o famoso caso da IA Tay, da Microsoft, até o algoritmo de corte de imagens do Twitter, essas falhas nos mostram que, quando mal geridos, os algoritmos podem gerar danos significativos.

No entanto, com uma governança adequada, baseada em transparência, ética e responsabilidade, é possível evitar muitos desses problemas e transformar a IA em uma força positiva para a sociedade.

Entretanto, este é apenas um passo de uma jornada essencial no campo da inteligência artificial. Este volume é parte de uma coleção maior, "Inteligência Artificial: O Poder dos Dados", que explora, em profundidade, diferentes aspectos da IA e da ciência de dados. Os demais volumes abordam temas igualmente cruciais, como a integração de sistemas de IA, a análise preditiva e o uso de algoritmos avançados para tomada de decisões.

Ao adquirir e ler os demais livros da coleção, você terá uma visão holística e profunda que permitirá não só otimizar a governança de dados, mas também potencializar o impacto da inteligência artificial nas suas operações.

Essa jornada fornecerá a você o conhecimento necessário para navegar de forma segura e eficiente pelos desafios e oportunidades que a IA apresenta, possibilitando a criação de sistemas éticos, eficientes e alinhados às necessidades do futuro.

13 Referências bibliográficas.

COHEN, J.E. Configuring the Networked Self: Law, Code, and the Play of Everyday Practice. Yale University Press, 2012.

O'NEIL, Cathy. Weapons of Math Destruction: How Big Data Increases Inequality and Threatens Democracy. New York: Crown Publishing Group, 2016.

PASQUALE, Frank. The Black Box Society: The Secret Algorithms That Control Money and Information. Harvard University Press, 2015.

ANGWIN, Julia; LARSON, Jeff; MATTU, Surya; KIRCHNER, Lauren. *Machine Bias: There's Software Used Across the Country to Predict Future Criminals. And it's Biased Against Blacks*. ProPublica, 2016. Disponível em: https://www.propublica.org/article/machine-bias-risk-assessments-in-criminal-sentencing. Acesso em: 23 out. 2024.

O'NEIL, Cathy. *Weapons of Math Destruction: How Big Data Increases Inequality and Threatens Democracy*. New York: Crown Publishing Group, 2016.

PASQUALE, Frank. *The Black Box Society: The Secret Algorithms That Control Money and Information*. Harvard University Press, 2015.

ANGWIN, Julia; LARSON, Jeff; MATTU, Surya; KIRCHNER, Lauren. Machine Bias: There's Software Used Across the Country to Predict Future Criminals. And it's Biased Against Blacks. ProPublica, 2016. Disponível em: https://www.propublica.org/article/machine-bias-risk-assessments-in-criminal-sentencing. Acesso em: 23 out. 2024.

O'NEIL, Cathy. Weapons of Math Destruction: How Big Data Increases Inequality and Threatens Democracy. New York: Crown Publishing Group, 2016.

REUTERS. Amazon Scraps Secret AI Recruiting Tool That Showed Bias Against Women. Reuters, 2018. Disponível em: <https://www.reuters.com/article/us-amazon-com-jobs-automation-insight-idUSKCN1MK08G>. Acesso em: 23 out. 2024.

GOODMAN, B.; FLAXMAN, S. *European Union regulations on algorithmic decision-making and a "right to explanation"*. AI Magazine, 2017.

14 Descubra a Coleção Completa "Inteligência Artificial e o Poder dos Dados" – Um Convite para Transformar sua Carreira e Conhecimento.

A Coleção "Inteligência Artificial e o Poder dos Dados" foi criada para quem deseja não apenas entender a Inteligência Artificial (IA), mas também aplicá-la de forma estratégica e prática.

Em uma série de volumes cuidadosamente elaborados, desvendo conceitos complexos de maneira clara e acessível, garantindo ao leitor uma compreensão completa da IA e de seu impacto nas sociedades modernas.

Não importa seu nível de familiaridade com o tema: esta coleção transforma o difícil em didático, o teórico em aplicável e o técnico em algo poderoso para sua carreira.

14.1   Por Que Comprar Esta Coleção?

Estamos vivendo uma revolução tecnológica sem precedentes, onde a IA é a força motriz em áreas como medicina, finanças, educação, governo e entretenimento.

A coleção "Inteligência Artificial e o Poder dos Dados" mergulha profundamente em todos esses setores, com exemplos práticos e reflexões que vão muito além dos conceitos tradicionais.

Você encontrará tanto o conhecimento técnico quanto as implicações éticas e sociais da IA incentivando você a ver essa tecnologia não apenas como uma ferramenta, mas como um verdadeiro agente de transformação.

Cada volume é uma peça fundamental deste quebra-cabeça inovador: do aprendizado de máquina à governança de dados e da ética à aplicação prática.

Com a orientação de um autor experiente, que combina pesquisa acadêmica com anos de atuação prática, esta coleção é mais do que um conjunto de livros – é um guia indispensável para quem quer navegar e se destacar nesse campo em expansão.

14.2   Público-Alvo desta Coleção?

Esta coleção é para todos que desejam ter um papel de destaque na era da IA:

- ✓ Profissionais da Tecnologia: recebem insights técnicos profundos para expandir suas habilidades.

- ✓ Estudantes e Curiosos: têm acesso a explicações claras que facilitam o entendimento do complexo universo da IA.

- ✓ Gestores, líderes empresariais e formuladores de políticas também se beneficiarão da visão estratégica sobre a IA, essencial para a tomada de decisões bem-informadas.

- ✓ Profissionais em Transição de Carreira: Profissionais em transição de carreira ou interessados em se especializar em IA encontram aqui um material completo para construir sua trajetória de aprendizado.

14.3   Muito Mais do Que Técnica – Uma Transformação Completa.

Esta coleção não é apenas uma série de livros técnicos; é uma ferramenta de crescimento intelectual e profissional.

Com ela, você vai muito além da teoria: cada volume convida a uma reflexão profunda sobre o futuro da humanidade em um mundo onde máquinas e algoritmos estão cada vez mais presentes.

Este é o seu convite para dominar o conhecimento que vai definir o futuro e se tornar parte da transformação que a Inteligência Artificial traz ao mundo.

Seja um líder em seu setor, domine as habilidades que o mercado exige e prepare-se para o futuro com a coleção "Inteligência Artificial e o Poder dos Dados".

Esta não é apenas uma compra; é um investimento decisivo na sua jornada de aprendizado e desenvolvimento profissional.

Prof. Marcão - Marcus Vinícius Pinto

Mestre em Tecnologia da Informação.
Especialista em Inteligência Artificial, Governança de Dados e Arquitetura de Informação.

15 Os Livros da Coleção.

15.1 Dados, Informação e Conhecimento na era da Inteligência Artificial.

Este livro explora de forma essencial as bases teóricas e práticas da Inteligência Artificial, desde a coleta de dados até sua transformação em inteligência. Ele foca, principalmente, no aprendizado de máquina, no treinamento de IA e nas redes neurais.

15.2 Dos Dados em Ouro: Como Transformar Informação em Sabedoria na Era da IA.

Este livro oferece uma análise crítica sobre a evolução da Inteligência Artificial, desde os dados brutos até a criação de sabedoria artificial, integrando redes neurais, aprendizado profundo e modelagem de conhecimento.

Apresenta exemplos práticos em saúde, finanças e educação, e aborda desafios éticos e técnicos.

15.3 Desafios e Limitações dos Dados na IA.

O livro oferece uma análise profunda sobre o papel dos dados no desenvolvimento da IA explorando temas como qualidade, viés, privacidade, segurança e escalabilidade com estudos de caso práticos em saúde, finanças e segurança pública.

15.4   Dados Históricos em Bases de Dados para IA: Estruturas, Preservação e Expurgo.

Este livro investiga como a gestão de dados históricos é essencial para o sucesso de projetos de IA. Aborda a relevância das normas ISO para garantir qualidade e segurança, além de analisar tendências e inovações no tratamento de dados.

15.5   Vocabulário Controlado para Dicionário de Dados: Um Guia Completo.

Este guia completo explora as vantagens e desafios da implementação de vocabulários controlados no contexto da IA e da ciência da informação. Com uma abordagem detalhada, aborda desde a nomeação de elementos de dados até as interações entre semântica e cognição.

15.6   Curadoria e Administração de Dados para a Era da IA.

Esta obra apresenta estratégias avançadas para transformar dados brutos em insights valiosos, com foco na curadoria meticulosa e administração eficiente dos dados. Além de soluções técnicas, aborda questões éticas e legais, capacitando o leitor a enfrentar os desafios complexos da informação.

15.7   Arquitetura de Informação.

A obra aborda a gestão de dados na era digital, combinando teoria e prática para criar sistemas de IA eficientes e escaláveis, com insights sobre modelagem e desafios éticos e legais.

15.8   Fundamentos: O Essencial para Dominar a Inteligência Artificial.

Uma obra essencial para quem deseja dominar os conceitos-chave da IA, com uma abordagem acessível e exemplos práticos. O livro explora inovações como Machine Learning e Processamento de Linguagem Natural, além dos desafios éticos e legais e oferece uma visão clara do impacto da IA em diversos setores.

15.9   LLMS - Modelos de Linguagem de Grande Escala.

Este guia essencial ajuda a compreender a revolução dos Modelos de Linguagem de Grande Escala (LLMs) na IA.

O livro explora a evolução dos GPTs e as últimas inovações em interação humano-computador, oferecendo insights práticos sobre seu impacto em setores como saúde, educação e finanças.

15.10   Machine Learning: Fundamentos e Avanços.

Este livro oferece uma visão abrangente sobre algoritmos supervisionados e não supervisionados, redes neurais profundas e aprendizado federado. Além de abordar questões de ética e explicabilidade dos modelos.

15.11   Por Dentro das Mentes Sintéticas.

Este livro revela como essas 'mentes sintéticas' estão redefinindo a criatividade, o trabalho e as interações humanas. Esta obra apresenta uma análise detalhada dos desafios e oportunidades proporcionados por essas tecnologias, explorando seu impacto profundo na sociedade.

15.12   A Questão dos Direitos Autorais.

Este livro convida o leitor a explorar o futuro da criatividade em um mundo onde a colaboração entre humanos e máquinas é uma realidade, abordando questões sobre autoria, originalidade e propriedade intelectual na era das IAs generativas.

15.13   1121 Perguntas e Respostas: Do Básico ao Complexo– Parte 1 A 4.

Organizadas em quatro volumes, estas perguntas servem como guias práticos essenciais para dominar os principais conceitos da IA.

A Parte 1 aborda informação, dados, geoprocessamento, a evolução da inteligência artificial, seus marcos históricos e conceitos básicos.

A Parte 2 aprofunda-se em conceitos complexos como aprendizado de máquina, processamento de linguagem natural, visão computacional, robótica e algoritmos de decisão.

A Parte 3 aborda questões como privacidade de dados, automação do trabalho e o impacto de modelos de linguagem de grande escala (LLMs).

Parte 4 explora o papel central dos dados na era da inteligência artificial, aprofundando os fundamentos da IA e suas aplicações em áreas como saúde mental, governo e combate à corrupção.

15.14   O Glossário Definitivo da Inteligência Artificial.

Este glossário apresenta mais de mil conceitos de inteligência artificial explicados de forma clara, abordando temas como Machine Learning, Processamento de Linguagem Natural, Visão Computacional e Ética em IA.

- A parte 1 contempla conceitos iniciados pelas letras de A a D.
- A parte 2 contempla conceitos iniciados pelas letras de E a M.
- A parte 3 contempla conceitos iniciados pelas letras de N a Z.

15.15 Engenharia de Prompt - Volumes 1 a 6.

Esta coleção abrange todos os fundamentos da engenharia de prompt, proporcionando uma base completa para o desenvolvimento profissional.

Com uma rica variedade de prompts para áreas como liderança, marketing digital e tecnologia da informação, oferece exemplos práticos para melhorar a clareza, a tomada de decisões e obter insights valiosos.

Os volumes abordam os seguintes assuntos:

- Volume 1: Fundamentos. Conceitos Estruturadores e História da Engenharia de Prompt.
- Volume 2: Segurança e Privacidade em IA.
- Volume 3: Modelos de Linguagem, Tokenização e Métodos de Treinamento.
- Volume 4: Como Fazer Perguntas Corretas.
- Volume 5: Estudos de Casos e Erros.
- Volume 6: Os Melhores Prompts.

15.16 Guia para ser um Engenheiro De Prompt – Volumes 1 e 2.

A coleção explora os fundamentos avançados e as habilidades necessárias para ser um engenheiro de prompt bem-sucedido, destacando os benefícios, riscos e o papel crítico que essa função desempenha no desenvolvimento da inteligência artificial.

O Volume 1 aborda a elaboração de prompts eficazes, enquanto o Volume 2 é um guia para compreender e aplicar os fundamentos da Engenharia de Prompt.

15.17   Governança de Dados com IA – Volumes 1 a 3.

Descubra como implementar uma governança de dados eficaz com esta coleção abrangente. Oferecendo orientações práticas, esta coleção abrange desde a arquitetura e organização de dados até a proteção e garantia de qualidade, proporcionando uma visão completa para transformar dados em ativos estratégicos.

O volume 1 aborda as práticas e regulações. O volume 2 explora em profundidade os processos, técnicas e melhores práticas para realizar auditorias eficazes em modelos de dados. O volume 3 é seu guia definitivo para implantação da governança de dados com IA.

15.18   Governança de Algoritmos.

Este livro analisa o impacto dos algoritmos na sociedade, explorando seus fundamentos e abordando questões éticas e regulatórias. Aborda transparência, accountability e vieses, com soluções práticas para auditar e monitorar algoritmos em setores como finanças, saúde e educação.

15.19   De Profissional de Ti para Expert em IA: O Guia Definitivo para uma Transição de Carreira Bem-Sucedida.

Para profissionais de Tecnologia da Informação, a transição para a IA representa uma oportunidade única de aprimorar habilidades e contribuir para o desenvolvimento de soluções inovadoras que moldam o futuro.

Neste livro, investigamos os motivos para fazer essa transição, as habilidades essenciais, a melhor trilha de aprendizado e as perspectivas para o futuro do mercado de trabalho em TI.

15.20 Liderança Inteligente com IA: Transforme sua Equipe e Impulsione Resultados.

Este livro revela como a inteligência artificial pode revolucionar a gestão de equipes e maximizar o desempenho organizacional.

Combinando técnicas de liderança tradicionais com insights proporcionados pela IA, como a liderança baseada em análise preditiva, você aprenderá a otimizar processos, tomar decisões mais estratégicas e criar equipes mais eficientes e engajadas.

15.21 Impactos e Transformações: Coleção Completa.

Esta coleção oferece uma análise abrangente e multifacetada das transformações provocadas pela Inteligência Artificial na sociedade contemporânea.

- Volume 1: Desafios e Soluções na Detecção de Textos Gerados por Inteligência Artificial.
- Volume 2: A Era das Bolhas de Filtro. Inteligência Artificial e a Ilusão de Liberdade.
- Volume 3: Criação de Conteúdo com IA - Como Fazer?
- Volume 4: A Singularidade Está Mais Próxima do que Você Imagina.
- Volume 5: Burrice Humana versus Inteligência Artificial.
- Volume 6: A Era da Burrice! Um Culto à Estupidez?
- Volume 7: Autonomia em Movimento: A Revolução dos Veículos Inteligentes.
- Volume 8: Poiesis e Criatividade com IA.

- Volume 9: Dupla perfeita: IA + automação.
- Volume 10: Quem detém o poder dos dados?

15.22   Big Data com IA: Coleção Completa.

A coleção aborda desde os fundamentos tecnológicos e a arquitetura de Big Data até a administração e o glossário de termos técnicos essenciais.

A coleção também discute o futuro da relação da humanidade com o enorme volume de dados gerados nas bases de dados de treinamento em estruturação de Big Data.

- Volume 1: Fundamentos.
- Volume 2: Arquitetura.
- Volume 3: Implementação.
- Volume 4: Administração.
- Volume 5: Temas Essenciais e Definições.
- Volume 6: Data Warehouse, Big Data e IA.

16 Sobre o Autor.

Sou Marcus Pinto, mais conhecido como Prof. Marcão, especialista em tecnologia da informação, arquitetura da informação e inteligência artificial.

Com mais de quatro décadas de atuação e pesquisa dedicadas, construí uma trajetória sólida e reconhecida, sempre focada em tornar o conhecimento técnico acessível e aplicável a todos os que buscam entender e se destacar nesse campo transformador.

Minha experiência abrange consultoria estratégica, educação e autoria, além de uma atuação extensa como analista de arquitetura de informação.

Essa vivência me capacita a oferecer soluções inovadoras e adaptadas às necessidades em constante evolução do mercado tecnológico, antecipando tendências e criando pontes entre o saber técnico e o impacto prático.

Ao longo dos anos, desenvolvi uma expertise abrangente e aprofundada em dados, inteligência artificial e governança da informação – áreas que se tornaram essenciais para a construção de sistemas robustos e seguros, capazes de lidar com o vasto volume de dados que molda o mundo atual.

Minha coleção de livros, disponível na Amazon, reflete essa expertise, abordando temas como Governança de Dados, Big Data e Inteligência Artificial com um enfoque claro em aplicações práticas e visão estratégica.

Autor de mais de 150 livros, investigo o impacto da inteligência artificial em múltiplas esferas, explorando desde suas bases técnicas até as questões éticas que se tornam cada vez mais urgentes com a adoção dessa tecnologia em larga escala.

Em minhas palestras e mentorias, compartilho não apenas o valor da IA, mas também os desafios e responsabilidades que acompanham sua implementação – elementos que considero essenciais para uma adoção ética e consciente.

Acredito que a evolução tecnológica é um caminho inevitável. Meus livros são uma proposta de guia nesse trajeto, oferecendo insights profundos e acessíveis para quem deseja não apenas entender, mas dominar as tecnologias do futuro.

Com um olhar focado na educação e no desenvolvimento humano, convido você a se unir a mim nessa jornada transformadora, explorando as possibilidades e desafios que essa era digital nos reserva.

17 Como Contatar o Prof. Marcão.

17.1 Para palestras, treinamento e mentoria empresarial.

marcao.tecno@gmail.com

17.2 Prof. Marcão, no Linkedin.

https://bit.ly/linkedin_profmarcao

www.ingramcontent.com/pod-product-compliance
Lightning Source LLC
LaVergne TN
LVHW051536050326
832903LV00033B/4277

* 9 7 9 8 3 4 4 3 9 5 8 7 6 *